순수 이야기

순수 이야기

© 박이호 2013

초판 1쇄 인쇄일 · 2013년 8월 1일
초판 1쇄 발행일 · 2013년 8월 7일

지은이 | 버트 헬링거
옮긴이 | 박이호
펴낸이 | 노정자
펴낸곳 | 도서출판 고요아침
편 집 | 송지훈

출판등록 2002년 8월 1일 제 1-3094호
120-814 서울시 서대문구 중가로 29길 12-27 102호(북가좌동, 동화빌라)
전   화 | 02-302-3194~5
팩   스 | 02-302-3198
E-mail | goyoachim@hanmail.net
홈페이지 | www.goyoachim.com
인터넷몰 | www.dabook.net

ISBN 978-89-6039-534-3 (04160)
ISBN 978-89-6039-530-5 (세트)

순 수
이 야 기

버트 헬링거 지음
박이호 옮김

고요아침

■ 들어가는 글

　순수 의식은 생명과 사랑에 봉사하는 행동을 향합니다. 사랑과 생명에 적대하는 모든 것을 그 사랑은 뒤로 놓습니다.

　순수 의식은 순수 의식을 흐리게 하는 것을 넘어 존재합니다. 이 의식은 개인적인 의도 밖에 머뭅니다. 모든 생명과 사랑에서 작용하여 그 모든 것을 완성하는 영적인 움직임에 대항하는 개인적인 의도 밖에 순수 의식은 존재합니다.

　이 책의 모든 글들은 순수하게 그 행동을 향합니다. 행동에 봉사하는 글들입니다. 그리고 이 글들은 내면에서 여러분을 그 행동으로 데려갑니다. 여러분은 이 글들과 함께 첫걸음을 내딛습니다. 그리하여 순수 의식은 여러분을 각자 개인적으로 순수한 길로 계속 이끕니다. 이 길에서 여러분의 생명뿐 아니라 여러분의 사랑도 순수한 목표에 닿습니다.

모든 글들은 개인적인 경험에서 왔기에, 개인적인 경험으로 이끌리게 하려는 모두에게 개인적인 경험으로 이끕니다. 순수 의식은 모두에게 다르게 순수합니다. 이 순수는 충만의 경험입니다. 이 충만은 하나의 길 마지막에서 기다립니다. 이 길에서 순수는 우리와 함께 언제나 계속 갑니다. 그러기에 첫걸음을 감행하면 충분합니다.

이 책으로 저는 여러분을 얼마동안 동반합니다. 그리하여 여러분은 스스로 홀로 계속 갑니다. 그런 후 여러분의 순수는 여러분을 여러분의 순수한 사랑으로, 여러분의 충만댄 삶으로, 여러분의 순수한 행복으로 데려갑니다.

차 례

6장

1장

내가 어떻게 내 영혼을 추슬러,
내 영혼이 당신의 영혼을 휘젓지 않게 하겠는가

의식된

의식된다는 것은 어떤 것이 나를 이끈다는 것을 안다는 것입니다. 그리고 무엇을 해야 하고 그 결과가 어떠하다는 것도 안다는 것입니다.

내게 의식되기에, 나는 변명이나 회피하지 않고 내가 책임을 집니다.

내게 전에 의식되지 않은 어떤 것이 의식되면, 그것은 나를 놀라게 합니다. 지금 내게 행동할 수 있는 자유를 줄 뿐만 아니라 어떤 것을 정리하게 허락하는 관련성을 내가 이해하기 때문입니다. 예를 들면 관계에서 그렇습니다. 이런 의미에서 내 의식은 자신을 넓힙니다. 더 포괄적으로 돼, 더 넓어지고 더 깊게 됩니다.

어떤 것이 불분명하면, 우리는 의식이 흐리다고 말합니다. 무엇보다 어떤 것을 차라리 알려고 하지 않을 때입니다. 그러기에 의식은, 현실이 아무리 고통스럽고 우리에게 무엇을 요구하든지, 존재하는 현실에 자신을 세우려는 각오에서 나옵니다.

내면의 정화와 가능한 것을 넘는 기대들뿐 아니라 분명한 생각에 반대하는 상들과 이별이 있어야 이 의식이 가능합니다.

무엇보다 우리가 존재하는 대로의 현실에 동의해야, 그리고 그 현실에 순응할 각오가 돼 있어야, 이 의식은 가능합니다. 현실에 동의함에서야 현실은 우리에게 더 깊게 그리고 더 순수하게 의식 됩니다.

그리하여 우리는 우리 한계도 의식하게 됩니다. 우리가 우리 한 계에 머물기에 우리는 겸허하게 머뭅니다.

이 의식은 무엇보다 순수합니다. 이 의식은 사랑과 함께하는 의 식입니다.

단순한 것

단순한 것은 쉽게 이해되어 이용될 수 있지만, 본질적입니다. 모든 본질적인 것은 단순하기 때문입니다.

삶에 중요한 모든 것은 단순합니다. 그것은 단순하기에, 생명에 봉사합니다.

같은 의미에서 본질적인 단어도 단순합니다. 그 단어는 직접 작용하는 것에 자신을 제한합니다. 그러기에 위대한 생각들이나 사랑도 단순합니다. 사랑이 원하고 가려는 모든 것은 단순하게 머뭅니다. 단순한 것은 적게 요구하고 많이 줍니다.

가끔 미각도 단순합니다. 이 의미에서 단순한 것은 소박합니다. 많은 것을 필요로 하는 것에 반해 단순한 것은 우리를 다른 사람들과 직접 연결합니다. 단순한 것은 다른 사람들과 조금 차이가 나기 때문입니다. 거의 눈에 띄지 않기 때문입니다.

Yes나 No처럼, 약속과 거절도 단순합니다.

오직 단순한 것만이 충만을 갖습니다. 생명의 충만을 갖습니다. 단순한 것은 많은 것과 공명에 있기 때문입니다. 단순하기에 쉽게 연결됩니다. 직선이어서 요점에 닿습니다.

단순한 삶은 충만한 삶입니다. 단순한 삶은 사소한 것에 본질적인 것을 헛되이 쓰지 않기에, 본질적인 것을 위해 자유롭게 머뭅니다.

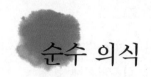

순수 의식

순수 의식은 전체의식입니다. 그 안에는 모든 것이 동시에 있습니다. 이 의식은 포괄하는 의식입니다. 모든 것을 선택하지 않고 같은 관심으로 포함시키기에 그렇습니다. 이것과 저것을 구별하여 선호하는 것은 의식을 흐리게 합니다.

순수 의식에서는 모든 것이 서로 연결돼 있습니다. 질서에 잡혀 연결돼 있습니다. 곧, 순수 의식에서는 모두는 자신에게 주어진 자리, 자기 자리를 갖습니다. 동시에 많은 다른 사람들의 그들의 자리와 함께 합니다.

순수 의식을 위해 모든 것은 같게 있습니다. 모든 것은 자기 자리에 있습니다. 그러기에 그 자리에서 질서에 맞게 있습니다.

순수 의식은 순수합니다. 그 의식은 어떤 것도 자신의 호의와 사랑에서 제외하지 않기 때문입니다. 그러기에 순수 의식은 같은 시간에 모든 것을 향하고 있습니다. 모든 것을 위해 같은 시간에 깨어 있어 분명합니다.

순수 의식은 모든 것을 껴안고 있기에, 그림(상)들이 없이 있습니다. 상은 순수 의식을 흐리게 하기 때문입니다. 순수 의식이 그림들에 기초하여도 작용한다면, 그림들은 모두에게 유효한 그림, 열린 그림, 넓은 그림들 입니다. 일반적으로 존재하는 그림들이기에, 그 그림들은 모든 것을 함께 하게 합니다.

이 의미에서 순수 의식은 말하기도 합니다. 순수 의식은 맞는 언어를, 창조적은 새로운 어떤 것을 만들어 내는 언어를 찾습니다.

순수 의식은 움직임에 있습니다. 순수한 움직임에 있습니다. 순수하기에, 창조적인 새로운 것이 처음으로 옵니다. 창조적인 새로운 것은 이 의식에서 앞의 어떤 것과도 관계하지 않고 직접 옵니다. 그러기에 이 의식에서 오는 새로운 것도 순수합니다. 이 새로운 것은 직접이기에 순수하여, 자신의 순수로서 전체입니다.

여기에서 제가 어떤 의식에 대해 말했습니까? 제 의식일 수도 있습니다. 순수 의식에 대해 말할 수 있었기에, 저는 그 의식과 연결돼 있었습니다. 그리하여 그 의식은 제 안에서도 순수 의식으로 자신을 나타내, 저는 그 의식에 의해 스스로 순수를 경험합니다.

우리가 그 의식에서 오지만, 우리는 그 의식을 향해 가고 있습니다, 순수하게 가고 있습니다. 우리가 그 의식에 의해 그 의식 안으로 이끌리기 때문입니다. 그리하여 우리는 점점 더 많이 순수를 경험합니다. 우리가 점점 더 많이 순수 의식을 우리 관심에 데려가기에, 존재하는 대로 순수하게 데려가기에 그렇습니다.

이 의식으로 우리 사랑도 순수하게 됩니다. 우리가 전체 안에서 우리 자리에 순수하게 머물기에, 우리 사랑은 순수하게 됩니다. 이 의식의 질서 안에서 순수하게 머물기에, 우리 사랑은 순수하게 됩니다. 우리의 사랑이 순수하게 창조적인 새로운 것을 일으키기에, 우리 사랑은 순수하게 됩니다. 우리 사랑이 순수하게 거기 있기에, 온전하게 거기 있기에, 같게 거기 있기에, 깨어 거기 있어 이 다른 의식 안에서 동시에 쉬고 있기에, 우리 사랑은 순수하게 됩니다.

저녁

"**저녁의** 고요가 온 천지에"라는 노래가 있습니다. 저녁에서야 낮이 고요에 옵니다. 낮은 피곤하여 잠이 듭니다.

저녁 시간은 뒤를 돌아보는 시간입니다. 낮이 어떤 것을 가져와 완성하면, 그리하여 우리가 완성된 그 어떤 것을 충족돼 돌아보면, 그 어떤 것이 우리에게 선물한 것을 고맙게 돌아보면, 우리는 고요하게 됩니다.

저녁에 우리는 놓습니다. 우리는 시간을 내, 낮이 사라지게 하며 밤을 준비합니다.

저녁이 지난 후 밤에는 무엇이 일어납니까? 밤은 우리를 다른 공간으로, 낮의 저편으로, 이끕니다. 저녁은 단지 밤으로 들어가는 통로입니다.

낮에게 너무 많았거나 잠정적인 것이 밤에 시작합니다. 밤에서야 낮은 정말 지납니다. 낮이 아니라 밤이 계속 이끌기에 그렇습니다.

저녁에 우리는 밤과 낮 사이에서 움직입니다. 저녁에 낮은 밤으로 흘러 밤에서 끝납니다. 우리가 깨면, 새롭고 다른 낮입니다.

저녁은 우리로 하여금 다음 낮을 예감하게 합니다. 그러나 낮이 오기 전에 밤이 먼저 옵니다.

우리는 어디에서 고향에 있습니까? 밤에 있습니까? 아니면 낮에 있습니까?

저녁에 우리는 둘 사이에 있습니다. 저녁은 밤도 낮도 아닙니다. 저녁은 잠이 우리를 덮칠 때까지 통로가 됩니다. 잠이 우리를 덮쳐야 새로운 것이 시작합니다. 새로운 것은 잠에서 시작합니다. 잠에서야 낮은 정말 온전하게 지납니다.

심연(深淵)

우리를 두렵게 하는 심연은 우리 내면에 있습니다. 우리는 그 앞에서 물러납니다. 우리가 그 나락에 떨어져 삼켜질까, 우리는 두려워합니다.

우리는 우리를 심연으로 끄는 흡인력에 반항합니다. 마치 그 심연을 우리가 갖지 않는 양하면서 우리는 그 심연을 부정합니다. 예를 들면 우리는 선행이나 친절 또는 우리의 보이는 사랑으로 그 심연을 부정합니다.

그럼에도 우리의 선행 뒤에는 쉬지 않고 우리 심연의 스산한 어떤 것이 숨어 있습니다. 우리가 심연을 두려워하기에, 마치 그 심연이 우리에게 없는 것처럼 하면서 우리는 다르게 삽니다. 그럼에도 우리의 선행이, 우리 내면의 심연이 끄는 힘을 대항하는 데에서 생기는 것은 분명합니다.

우리에게 심연의 효과는 결국 무엇입니까? 심연 없이 우리가 생명을 계속 가게 하는 결정적인 힘을 가졌겠습니까? 왜 우리는 신의 심연을 두려워하지 않으면서 신의 사랑을 간청합니까? 신의 심연보다 더 깊은 심연이 있겠습니까?

그럼에도 왜 신의 심연(지옥)에 우리는 내면이나 외면의 그림들에서 매혹됩니까? 지옥이 신의 심연입니까? 혹 우리의 나락이 아닙니까? 신의 두려움이 우리의 두려움입니까?

그럼에도 우리의 심연은 축복입니다. 우리의 심연으로 우리는 조심합니다. 심연은 우리가 추락을 두려워하기에, 추락으로부터 우리를 지킵니다. 우리가 사랑하고 봉사하는 어느 때나, 심연은 우리를 동반합니다. 심연은 우리를 깨어 있게 합니다.

우리가 심연을 얕보면 얕볼수록, 심연은 우리를 더 강하게 아래로 내려 끕니다. 우리는 차라리 심연의 곁에 머물러, 심연을 봄으로 알아챕니다. 우리는 심연에서, 심연을 두려워 할뿐 아니라 심연을 존중하기도 하며 심연을 사랑하는 힘을 얻습니다.

감사

내가 갖고 있는 대로 그것을 받아들여 존중하는 것이 감사입니다. 나는 그것으로 충만해집니다.

그럼, 이 순간 무엇이 발생합니까? 나는 나에게 그렇게 많이 선물한 다른 사람을 더 많은 기대들로부터 떠나보냅니다. 예를 들면 나의 어머니와 나의 아버지입니다.

내가 그들로부터 더 많이 원하면, 내 감사는 아무런 효과를 내지 못합니다. 내가 내 감사로, 내가 받은 것이 나를 충만케 한다고 그리고 내가 이미 갖고 있는 것을 이제 받아들인다고, 말해야, 내가 받아들인 것은 미래를 위해 나를 부(富)하게 합니다.

다른 관계에서도 같습니다. 예를 들면 배우자 관계입니다. 내가 상대를 내 감사로 특별한 요구들로부터 떠나보내야, 상대는 나에게 사랑과 호의로 머무는 동시에 자유롭습니다.

그리하여 감사는, 받아들임으로 자유롭게 되고, 받아들임으로 자유롭게 두는 것을 말합니다.

사랑으로 넘겨주기 위해 받아들임이 감사입니다. 감사는 사랑의 다른 관계들을 위해 자유롭게 합니다. 부모로부터 받아들임이 잘 되면, 다른 관계들에서 줌이 시작합니다.

이 관계들은 서로 줌과 받음에서 시작합니다. 세월이 흘러 이 관계가 많은 면에서 충만으로 차면, 우리가 우리 부모에게 말한 것을 우리 배우자에게도 말할 시간이 옵니다: "고맙습니다, 당신이 제게 선물한 것으로 저는 충만합니다. 저는 저 깊이 제 영혼에서 당신을 자유롭게 합니다."

그때부터 둘은 다른 차원에서 분리돼 있지만, 하나입니다. 감사로 떨어져 있지만, 둘은 다른 방법으로 사랑에서 하나입니다. 내면에서 옛 기대들은 그칩니다. 그럼, 새롭고 다른 것을 위해 더 계속되는 주고받음이 열려 자유롭습니다.

이 사랑이 정화된 사랑입니다. 이 사랑은 더 큰 어떤 것과 하나입니다. 이 사랑이 신 앞에 있는 우리 사랑처럼 예배(禮拜)이어서 정신 차린 정적(靜寂)입니다.

침착(沈着)

침착은 고결한 마음입니다. 침착은 모두에게 같은 차원에서 호의로 향하여, 자신이 잘 되길 원하는 것처럼 모두가 잘 되길 원하기 때문입니다. 그러기에 침착은 다른 사람으로부터 자신에게 다가온 것을 침착하게 받습니다. 그럼에도 그들에 의해서 어떤 것에 끌려들어가지 않습니다. 그 어떤 것이 자신에게 같은 것이어야 하기 때문입니다. 그리하여 침착은 그 어떤 것을 그 어떤 것이 속한 사람들에게 호의와 사랑으로 그리고 분명하게 그들에게 둡니다.

침착한 사람은 모든 것을 똑같이 중요하게, 잠정적으로 중요하게 여깁니다. 금방 모든 것이 덜 중요하게 되는 것을 알기 때문입니다. 침착한 사람은 모든 것을 지금 벌써 가게 합니다. 그리하여 이 순간 그가 그것을 따를지라도, 그는 자유롭습니다. 그는 모든 것에 그 중요함을 오직 지금 줍니다. 침착하게 지금 줍니다.

침착한 사람은 오는 모든 것을 제 시간에 맞게 가게도 하기에, 모든 것에 모두에게 주어진 한계 안에서 잠정적으로 봉사합니다. 그도, 오기도 하지만 가기에, 그는 침착하게 있습니다.

위대한 사랑은 침착합니다. 이 사랑은, 지속되는 한 언제나 거기 있습니다. 제 시간이 되면, 이 사랑도, 가도 됩니다. 그럼에도 이 사랑은 다른 사람을 같은 사랑으로, 같은 저 깊은 사랑으로, 돌아봅니다. 위대한 사랑은 였던대로 머물기 때문입니다.

침착한 사람에게, 모든 것이 제 시간에 오기도 하지만 가기에, 그도 제 시간에 오고 갑니다. 자신처럼 오고 가는 사람과 함께 길 위에 거기 있지만, 거기 있지 않습니다.

무엇보다 영적인 정신은 침착합니다. 영적인 정신에게는 모든 것이 자신의 시간을 갖습니다. 어떤 것도 지나 없어지지 않으면서 자신의 시간을 갖습니다. 영적인 정신의 사랑은 모든 것에게 침착합니다. 이것이나 저것을 선택하여 더 좋아하지 않고, 같은 사랑으로 모든 것에 향합니다. 모두는 영적인 정신으로부터 같게 사랑받고 있습니다. 모두는 같게 받아들여져, 목표에 있습니다.

광대

광대는 일정한 자유를 가지며 또한 중요합니다. 광대는 다른 사람들이 말하지 못하는 것을 말합니다. 또한 광대로 변장하고 나타나기에, 광대는 단지 겉으로 심각하게 받아들여집니다. 광대가 말하는 심각함은 광대의 의상으로 나타납니다.

가끔 우리도 심각한 것을 단지 살짝 거의 농담처럼 말합니다. 우리는 그리하여 광대로 변장하여, 이 의상으로 많은 적대(敵對)를 피합니다. "그는 마치 광대 같다",라고 광대의 말에 맞는 사람은 말합니다. 그렇게 그는 자신을 지킵니다. 심각하지만 마치 놀이, 쉬운 놀이처럼 하면서 지킵니다.

광대는 먼저 음식 맛을 보기도 했습니다. 군주의 음식에 독이 들었는가, 먼저 먹어야 했습니다. 광대가 독살되면, 그것은 마치 적은 해를 입는 것 같았습니다. 다른 사람들은 해를 입지 않았기 때문입니다.

광대가 먹어야 하는 독을 광대는 진리로써 먹어, 자신에게서 시험했어야 했습니다. 그는 자신의 생명이 언제 끝날지 몰랐습니다.

그러기에 광대가 그렇게 우스꽝스러웠습니까?

다른 면에서 광대는 다른 사람들에게 자신의 의상 속에 진리를 감추고 있다는 것을 보였습니다. 다른 모든 것은 놀이였습니다. 물론 죽음과 삶이 걸린 놀이였습니다.

누가 광대에게서 그리고 광대의 의상 속에서 자신을 드러냅니까? 많은 사람들에 의해 광대 짓으로 여겨지지만, 빛으로 감춰지는 공포감을 주는 진리입니다.

많은 축제 의상과 제복(祭服)은 무엇으로 밝혀집니까? 진리를 숨기는 겉치레로 밝혀집니다. 진리의 옷도 벗겨질 때까지 잠시 진리를 숨기는 겉치레로 밝혀집니다.

안개

안개는 우리의 시야를 뺏습니다. 무엇보다 안개는 낮은 지역이나 강이나 호수 등에 깔립니다. 우리가 더 높이 올라가면, 안개가 걷히고 우리는 잘 봅니다.

어떤 것이 우리에게 분명하지 않으면, 우리는 오리무중에 빠진다고 말합니다. 우리는 더 이상 꿰뚫어 보지 못합니다. 가끔 사람들이 보지 못하게 장막을 만들 때도 있습니다. 예를 들면 전쟁 때 그렇습니다.

우리가 다른 사람들에게 어떤 것을 감추려고 하면, 우리는 분명하지 않게 말합니다. 그리하여 그들은 무슨 말인지 이해하지 못합니다. 우리가 말한 것은 그들에게 안개 속에 있습니다. 그것은 우리가 말한 것보다 더 감춰져, 그들을 틀린 길로 이끕니다.

그런 상황에서 우리는 어떻게 합니까? 안개가 걷히길 기다립니다. 또는 다른 사람도 안개에 갇혀 길을 잃어 우리와 함께 길을 찾길 우리는 기다립니다. 다른 방법은, 우리가 안개에 갇혀 있다는 것을 알면, 우리는 더 높은 차원으로 갑니다. 이 차원에서 우리는 시야를 얻어 방향과 길을 다시 찾습니다. - 가끔 다른 사람들을 위해서도 찾습니다.

무엇보다 무엇이 우리의 영적인 정신을 흐리게 합니까? 많은 소원과, 요구들, 다른 사람을 향한 기대들 그리고 어떤 것이 이뤄질 거라고 우리를 속이는 제안들입니다. 이렇게, 많은 희망들은 안개에 갇혀 있습니다.

그 반대로, 이 순간과 이 순간이 우리에게 주고 있는 것은 분명합니다. 가까이 있는 사랑과 기쁨, 행복도 분명합니다. 그리하여 행복은 태양처럼 분명하고 밝게 빛납니다.

생명을 계속 가게 하는 모든 것은 분명합니다. 그리고 생명에 봉사하는 사랑도 분명합니다. 많은 것을 새로운 빛에 나타나게 하는 통찰도 분명합니다. 그리고 불합리한 것을 이성의 빛으로 데려와 무력하게 하는 계몽도 분명합니다.

모든 것이 무엇이든 그리고 어떻게 있든, 모든 것에의 동의는 분명합니다. 어떤 것도 동의를 벗어나지 않습니다. 무엇보다 영원한 것, 영원한 지금은 분명합니다.

성장

모든 살아 있는 것은 작은 시작에서 완전한 성숙으로 성장합니다. 예를 들면 나무는 종자에서 시작합니다. 종자 안에 이미 나무 전체의 성장이 들어 있습니다. 나무는 단지 크기만 하면 됩니다.

사람도 마찬가지입니다. 수정된 난자 세포에 한 사람의 성장은 주어졌습니다. 그 세포가 크면 한 사람이 됩니다.

이러한 성장은 모든 생명체에게 주어졌습니다. 그렇게 성장해야, 생명체는 생명을 넘겨줄 수 있습니다. 이 성장은 개체의 생명체를 넘습니다. 이 성장은 포괄적인 성장과 연결됩니다, 예를 들면 각 생명체의 속과 종의 성장과 연결됩니다.

인류도 마찬가지로 전체로서 여러 차원에서 그렇게 성장합니다. 인류와 함께, 인류가 사는 세계도 함께 성장합니다. 개체로서의 생명체 성장은 이 모든 것을 포함하는 성장과 연결돼 있습니다. 이 성장에서 모두와 모든 것은 서로 의존돼 있어 이 성장에 기여합니다.

개체의 생명체가 다음 생명체를 위해 자리를 내주는 것도 이 성장에 속합니다. 개체는, 여기에서 개인은 이 성장에 오직 제한된 부분만 기여하기 때문입니다. 무엇보다 개인은 생명을 다음 세대에 넘겨줌으로 성장에 기여합니다. 그러기에 개체의 생명체에게는 쇠퇴도 있습니다. 일이 끝난 개체는 작아지고 약해져 스러져 죽습니다. 전체로 보면, 이것도 성장에 속합니다. 성장은 개체에게서 개체가 스스로 넘을 수 없는 한계에 닿습니다. 후손에게서 성장이 계속 감으로, 후손만이 그 한계를 넘습니다.

우리의 생이 짧아도 우리는 개인적으로 계속 성장합니다. 여기에서도 홀로가 아니라, 다른 많은 사람들뿐만 아니라 인류와 함께, 더 나아가 전체로서 세계와 함께 성장합니다. 우리는 그들과 공명에서 성장합니다. 또한 서로 주고받음으로 성장합니다. 이렇게 우리 개인적인 성장은 전체에게 하는 봉사가 됩니다. 그러기에 성장은 봉사입니다. 모든 성장은 봉사에게로 성장합니다. 성장은 봉사에서 자신을 완성합니다. 더 큰 어떤 것을 위하는 봉사와 성장은 관계합니다.

그럼, 우리는 어떻게 우리와 다른 사람들을 바라봅니까? 어떻게 세계와 온 창조물을 바라봅니까? 우리는 모두가 성장에 있는 것을 봅니다. 우리는 모두와 모든 것이 성장에 연결돼 있는 것을 보고 이 성장에 동의합니다.

이렇게 우리는 우리와 다른 관계를 맺습니다. 다른 사람들뿐 아니라 우리가 살고 있는 세계와 다른 관계를 맺습니다.

우리가 만나거나 만났던 그 무엇이 어떠하든 또는 어떠했던, 그
모든 것은 이 성장에 봉사하거나 했던 그 어떤 것과 연결돼 있습니
다. 그러기에 그 어떤 것을 우리가 다르게 지나가게 하거나, 있게
우리에게 허락돼 있지 않습니다. 우리는 그것이 어떤 성장에 있는
지 모릅니다. 우리가 그 성장에, 그 성장이 어디로 이끌든지, 동의
함으로 우리는 계속 성장합니다. 우리는 모든 성장 뒤에서 작용하
여, 성장을 성장인대로 뿐만 아니라 성장하는 대로 원하는 힘들과
공명에 머뭅니다. 우리뿐만 아니라 우리와 가까운 사람들의 성장
그리고 모든 것의 성장 뒤에서 작용하여 그 성장을 성장인대로 뿐
만 아니라 성장하는 대로 원하는 힘들과, 그 성장이 우리와 모두를
어디로 이끌든지, 공명에 머뭅니다.

이 동의에서 우리는 공명에 반대하는 모든 것으로부터 우리뿐만
아니라 다른 사람들을 자유롭게 둡니다. 모든 것이 어떻게 성장하
든, 모든 것에 동의가 사랑입니다. 이 동의가 모든 것이 어떻게 가
든, 모든 것을 향하는 사랑입니다. 그리고 모든 것이 각자와 모든
것에 어떻게 봉사하든, 모든 것을 향하는 사랑입니다.

섭리(攝理)

함께하는 것은 잘 맞습니다. 함께 함으로 지속됩니다. 예를 들면 반원형의 천장에서 마지막 돌입니다.

어떤 것이 함께 하면, 겉그림이 나타납니다. 그 어떤 것은 이어줍니다.

많은 것이 우리 생명에서 어떻게든 잘 됩니다. 맞는 것이 서로 만납니다. 예를 들면 부부관계에서 어떤 것이 잘 맞습니다. 부부가 결혼하면, 반원의 절반을 온전한 반원으로 연결하는 마지막 돌처럼 어떤 것이 작용합니다. 그리하여 천장은 지속됩니다.

그림 짜 맞추기에서도 마지막 조각이 전체를 완성합니다. 그러기에 우리는 마지막 조각이 맞는 장소를 정확하게 찾습니다. 과학에서도 같은 과정이 발생합니다. 많은 사람들이 동시에 같은 문제를 연구하여, 그들은 몇 개의 구성 요소를 발견합니다.

모든 것을 서로 연결하여 모든 것을 함께하게 하는 확실성을 주는 마지막 요소가 찾아져야, 한 과학자는 확실성이 지속할 수 있게 그 연구를 종결합니다. 여기에서도 함께 하게 하는 마지막이 문제입니다. 그리하여 마지막은 전체로써 지속적으로 있어 효과적으로 사용될 수 있습니다.

여기에서 함께 맞음은 많은 사람들의 노력이 함께한 능력에서 옵니다.

우리의 생명에서도 많은 것이 함께 합니다. 우리가 예감할 수 없었는데 놀랍게도 함께 합니다. 우리는 그것을 다른 데에서 주어진 선물로 경험합니다.

예를 들면 결정적인 통찰도 이 함께 함에 속합니다. 우리가, 우리를 언제나 이끌며 인도하는 힘들과 공명에 오면, 우리는 날마다 행복한 함께 함을 경험합니다.

우리는 가끔 그러한 섭리를 기다립니다만, 섭리는 제 시간에, 옳은 시간에, 옵니다. 그리하여 우리의 신뢰는 시험받습니다.

섭리는 대개 우리가 기대하는 것과는 다르게 나타납니다. 섭리는 우리의 표면적인 소원들보다, 다른 데에 봉사하기 때문입니다. 이 섭리는 결국 많은 것을 위하는 사랑으로 자신을 드러냅니다.

그리하여 섭리는 많은 것을 함께 하게 합니다. 우리는 이 섭리를 평화로 경험합니다. 마침내 투쟁이 끝나, 모두는 안도의 숨을 내쉽

니다. 이 움직임에 봉사함에서 많은 것이 좋게 끝나게 우리도 함께
합니다. 어떻게? 사랑으로.

개입하는

대개 무엇에 사람들이 개입합니까? 다른 사람에게 속한 것에 개입합니다. 개입에 맞는 능력이 없음에도 불구하고 개입합니다. 개입에 따르는 책임을 질 마음도 없으면서 개입합니다.

이렇게 많은 사람들은 다른 사람들의 생명에 개입합니다. 내밀한 느낌들이나. 가장 깊은 생각들에 개입합니다. 가끔 건강에 개입하기도 합니다. 예를 들면 조언을 하면서 개입합니다. 그러나 그 결과는 조언하는 사람들이 아니라 당사자가 갖습니다.

이런 개입에 다른 사람들을 향한 존경과 사랑이 있습니까? 우리에게 주어진 한계에 동의하기나 합니까? 다른 사람들의 통찰이나 능력을 존경하기나 합니까?

많은 이의들도 이런 개입에 속합니다. 알지도 못하면서, 그들은 어떤 것을 방해하거나 제한합니다.

개입의 반대는 지지(支持)입니다. 지지는 움직임이 잘 되게 합니다. 그리하여 잘 되면 기뻐합니다. 그리하여 잘 되게 기여합니다.

개입과 반대로 지지는 분리하지 않고 연결합니다. 개입하는 사람을 결국 홀로 남습니다.

유익한 개입도 있습니다. 예를 들면, 소방대는 불이 나면 개입합니다. 대개 아무런 대가도 치루지 않는 이의에 비해, 소방대의 개입은 많은 대가를 치룹니다. 가끔 소방대원은 생명을 잃기도 합니다.

아주 도움이 많이 되는 개입은 법질서입니다. 법질서는 부당한 간섭에 한계를 세웁니다. 계몽도 도움이 많이 되는 개입입니다. 계몽은 예를 들면 우리의 신과의 관계에서 종교들의 개입으로부터 우리를 자유롭게 합니다. 무엇이 우리를 신께 더 가까이 데려가는지 또는 더 멀게 하는지, 신을 대신해서 우리에게 지시하는 종교들도부터 우리를 자유롭게 합니다.

일반적인 윤리나 도덕도 같게 작용합니다. 얼마나 많은 사람들이 윤리나 도덕의 이름으로 다른 사람들의 생명에, 무엇보다 아이들의 생명에, 개입합니까?

우리는 어떻게 사랑에 머뭅니까? 우리가 개입을 버리면 됩니다. 그럼, 단번에 우리와 다른 사람들에게서 다른 힘들이, 원래의 힘들이, 기분 좋게 하는, 창조적인, 힘들이 터집니다.

위로

"**가슴을** 위로, 우리는 당신에게서 가슴을 갖습니다." 라고 신자들과 신부는 미사를 드립니다. 이 노래는 우리 너머 창조적인 힘을 경험할 수 있는 분야로 우리를 들어 올리는 기본움직임을 서술합니다. 이 힘은 우리 생명을 넘어 한 목표로 우리를 들어 올립니다. 그 목표를 향해 우리가 움직임에 있다는 것을 우리는 압니다. 그리하여 그 움직임은 우리를 지금 벌써 데려갑니다.

"가슴을 위로" 는 기쁨의 움직임입니다. 이 기쁨은 우리에게서 세상의 힘든 것을 거둬 우리 안에서 우리를 가볍게 하는 움직임이 생기게 합니다. 이 기쁨은 우리의 일상에서 많은 것을 넘어 많은 사람들과 우리를 사랑으로 연결하는 움직임으로 우리를 들어 올립니다.

이 움직임은 영화된 정신의 움직임이면서, 가슴의 움직임입니다. 힘이 넘쳐 뛰는 움직임입니다. 이 움직임에 비해 우리를 아래로 끄는 모든 것을 우리는 약하게 경험합니다.

영화된 정신과 함께 우리 생각들인 가벼운 생각들, 고양된 생각들, 넓은 생각들은 위로 갑니다. 이 생각들은 무거운 것을 넘어 우리를 모든 것을 포함하는 의식으로, 순수 의식으로, 끝니다. 모든 무거움으로부터 자유롭게 하는 모든 것을 포함하는 의식으로 끝니다.

우리의 몸도 위로 곧바로 섭니다. 곧바로 선걸음은 영화된 정신처럼 우리를 같은 움직임으로 데려갑니다. 이 걸음도 우리 몸을 아래로 끄는 무거움으로부터 위로 가는 움직임으로, 세상의 힘든 것을 넘어, 끝니다. 그리하여 우리 몸도 이 움직임으로 위로, 일어섬의 움직임으로, 다시 일어섬의 움직임으로, 영화된 정신에게, 위로 데려져 갑니다.

위에서 우리는 고향에 있습니다. 위에 우리는 머물 것입니다. 우리의 가슴이 이미 가 있는 곳에 머물 것입니다.

위로 가는 이 움직임은 사랑의 움직임입니다. 누구를 향한 사랑의 움직임입니까? 모든 것을 향한 사랑의 움직임입니다. 이 사랑을 영화된 정신은 자신께 끌고 있습니다. 어떻게? 위로 끌고 있습니다.

벗은

만약 우리가 어떤 것을 짊어졌다면, 그리고 그 어떤 것이 시간이 지나 우리에게 너무 무겁거나 우리의 것이 아닌 것으로 드러나면, 우리의 짐을 벗겨줄 어떤 것이 밖에서 아무도 모르게 발생할 것을 속으로 기다립니다. 우리가 다시 우리 자신의 것으로 돌아올 수 있으면, 우리는 안도의 숨을 쉽니다. 그리하여 우리는 우리 자신의 것을 위해 자유롭습니다.

우리에게 속하지 않은 의무나 책임을 벗어도, 우리는 짐이 풀어진 것을 느낍니다. 그 의무나 책임은 다른 사람들에 의해서 지워졌고, 그리고 그 결과도 우리가 짊어져야 했습니다.

당연히 반대의 경우도 있습니다. 우리도 다른 사람들에 대해 우리 한계 안에 머물러 그들의 한계를 존중합니다. 곧, 우리는 우리 행동의 결과를 다른 사람들에게 미루지 않고 스스로 갖습니다. 그럼에도 우리가 다른 사람들에게 미뤘다면, 우리는 그들을 우리의 기대들이나 요구들로부터 해방시켜 그들을 풀어줍니다.

이 경험들을 통해 어떻게 우리가 미래에도 우리의 한계와 자주를 잘 지킵니까? 다른 사람들이 우리 분야에 들어오지 못하게 할 뿐만 아니라 우리도 그들의 분야에 들어가지 않습니다.

  그럼, 우리가 다른 사람들과 절연됩니까? 또는 다른 사람들이 우리와 절연됩니까? 우리와 그들이 절연돼 있지만, 이 절연은 치유를 가져옵니다. 미래에 우리는 그들과 대등하게 만납니다, 연결돼 있으면서도 자유롭게 만납니다. 공동의 어떤 것을 위해 상호교환에서 자유롭게 만납니다. 이 교환에서 각자는 주고받습니다. 공동의 목표뿐 아니라 공동의 과업 및 공동의 의무와 공명에서 주고받습니다. 서로 표하는 존경 및 사랑과, 자유로운 사랑과, 공명으로 주고받습니다.

따름

따른다는 것은 두 가지 의미를 갖습니다. 첫째 나는 명령이나 계명을 따릅니다. 어느 정도 나는 내 어떤 것을 버리고 밖으로부터 와 나를 구속하는 명령이나 계명을 따릅니다.

내 앞에 가는 어떤 사람을 나는 따르기도 합니다. 내게 이제까지 알려지지 않는 길을 이끄는 인도자를 나는 말 그대로 따릅니다. 이 길이 중요하기에 나는 그를 기꺼이 따릅니다. 이 길을 그 인도자는 스스로 먼저 갑니다. 그는 내게, 자신이 스스로 가기에 아는 길을 가리킵니다. 그러기에 나는 그의 곁에서 안전함을 느낍니다. 분명히 그는 나를 위해 그렇게 봉사합니다. 그는 내가 앞으로 가게 돕습니다.

나는 내 개인적인 충동을 따르기도 합니다. 개인적인 욕구나 소원을 따르기도 합니다. 여기에서 나는 내가 원하거나 필요로 하는 것을 따릅니다. 이 따름은 생명이 정말 필요로 하는 것입니다. 거의 강요되는 것들입니다. 나는 그것들을 따를 수밖에 없습니다. 우리는 이렇게 본능을 따릅니다.

그러나 소원들을 따를 것인가는 우리가 거의 선택합니다. 그러기에 어떤 대가를 치루고 그 소원들이 이뤄질 건가 우리는 검사합니다. 그런 후 우리는 그를 따를 것인가 그리고 그 대가를 치룰 준비가 돼 있는 가를 결정합니다.

우리는 영감이나 개인적인 사명을 따르기도 합니다. 그때도 우리는 우리가 이끌리는 경험을 합니다. 이 이끎은 가장 깊이에서 우리를 덮쳐 데려가는 영적인 정신의 힘에서 옵니다. 여기에서의 따름을 우리는 선물로 경험합니다. 이 선물을 통해 우리가 어떤 방향으로 데려져 감을 우리는 압니다. 이 방향은 우리 생명에게 일상생활이나 일상의 욕구를 넘는 의미를 줍니다. 이 방향과 공명에서 우리는 모든 표면적인 이의를 뒤로 하고 이 방향을 따릅니다. 이 따름에서 우리는 우리가 충만 됨을 경험합니다.

2장

내가 어떻게 당신의 영혼을,
당신을 넘어 다른 것에게 들어올릴건가?

능력 있는

능력이란 알아서 사용할 수 있는 것입니다. 어떤 문제를 풀기 위해 알 뿐만 아니라 실제 적용할 수 있다는 것입니다.

이 능력은 오랫동안 배우고 연습해야 얻을 수 있습니다. 그러기에 좋은 서비스는 그만큼 비쌉니다. 가끔 더 비싸게 보이지만, 결국 가장 싼 것으로 판명됩니다. 노력과 타고난 재능으로 능력 있는 사람이 됩니다. 어느 누구도 모든 면에서 능력 있는 사람이 될 수는 없습니다. 시야와 이해력 그리고 손재주가 있어야 능력 있는 사람이 됩니다.

많은 직업의 차원에서 능력 있는 사람들이 있습니다. 식물을 잘 다루는 정원사, 동물을 잘 다루는 농부나 목축업자, 수공업 분야에는 많은 전문가들이 있습니다. 자녀를 키우면서 요리를 잘하며 가정을 꾸리는 주부는 더 말할 것도 없습니다.

또 다른 분야에는 많은 지식과 능력이 있는 의사, 선생님, 사업가, 등 셀 수도 없습니다.

예술적인 분야에서는 건축가, 화가, 시인, 음악가, 소설가 등은 오랜 연습과 특별한 재능으로 위대한 것을 이룹니다.

여기에서의 능력은 지식 이상입니다. 많은 사람들께 봉사하여, 그들의 삶을 가볍게 할뿐 아니라 더 풍부하고 더 아름답게 만드는 응용된 능력입니다.

우리에게 가장 크고 중요한 능력은 사는 능력입니다. 삶에 대한 결정적인 지식과 능력을 우리는 타고 났습니다. 기본적인 생명 욕구들은 모두에게 공동인 욕구들과 충동들에 의해 조종됩니다. 그 욕구들과 충동들은 우리를 살아남게 합니다. 능력 있게 살아남게 합니다.

그 욕구들과 충동들로는 충분하지 않습니다. 인생이 예술이 되려면, 전 생애에 걸쳐 배움과 행동이 필요합니다. 그 예술은 생명이 어떠하든, 그리고 생명이 어떻게 자신을 보존하고 발휘할 수 있든, 생명에의 사랑이 있어야 합니다.

다른 모든 능력은 이 예술에 봉사합니다.

거짓

사람들이 한 사람을 비난하려거나 책임을 추궁하려고 어떤 것을 알려고 하면, 그 사람은 거짓말을 합니다. 아이들은 벌이 두려워 자주 그렇게 거짓말을 합니다.

여기에서 누가 정말 거짓말을 합니까? 누가 진실을 알려고 하지 않습니까? 그가 깊은 진실과 공명에 있습니까? 그가 자신의 사랑뿐만 아니라 다른 사람의 사랑과 공명에 있습니까? 상대는 마치 자신의 생명이 걸린 것처럼 하면서 거짓말로 자신을 보호하지는 않습니까? 우리로부터 자신을 보호하지는 않습니까? 그럼 우리는 필요한 거짓말이라고 말합니다.

어떻게 하면 거짓말이나 그에 따르는 행동들이 필요 없게 됩니까?

첫째, 다른 사람의 비밀들을, 그 사람의 진실을, 존중합니다.

둘째, 자신의 진실에 눈을 돌립니다. 그 진실은 우리도 다른 사람들처럼 우리의 진실을 숨겨야 한다고 우리에게 알려줍니다.

셋째, 우리는 모든 것이 존재하는 대로 모든 것에 동의하는 사랑에 머뭅니다. 자신의 두려움과 궁핍에도 동의하는 사랑에 머뭅니다. 또한 우리는 우리와 다른 사람들에게 이 궁핍을 극복하게 허락하는 미래에게도 동의하는 사랑에 머뭅니다.

그럼, 단번에 우리는 우리인대로 우리를 나타낼 수 있습니다. 다른 사람도 자신인대로 자신을 나타낼 수 있습니다. 사랑에서 오는 이 신뢰에서 우리는 다른 사람에게 우리의 깊은 비밀들을 털어놓을 수 있습니다. 아마 그도 우리에게 자신의 비밀을 털어놓을 것입니다.

그럼에도, 여기에서도 우리는 가장 깊은 비밀들을 남이 보지 못하게 합니다. 우리는 사랑으로 우리의 가장 깊은 비밀들을 지킵니다.

헤어진

각자는 헤어져야 자신의 길을 갑니다. 자신의 길은 옳은 길입니다. 자신의 길에서야 우리는 영적인 정신의 힘들과 공명에서 목표에 도달합니다. 그 힘들에 의해 우리에게 그 길은 먼저 결정되고 주어집니다.

어느 누구도 다른 사람에게 그의 길을 지시하면 안 됩니다. 둘이 얼마동안 마치 공동의 길을 가는 것처럼 함께 가면, 얼마 후 그들의 길들이 갈라지는 것이 나타납니다. 그럼, 그들은 상대를 자신들의 길로 끌려고 시도합니다. 자신의 길을 떠나 내 길을 따라야 한다고 합니다. 그렇게 되면 둘은 얼마동안 자신들의 길을 잃습니다. 둘이 함께 공동의 길을 갈지라도, 내면에서 서로 헤어져 있다고 그들은 경험합니다.

어떻게 그들은 공통성과 원래의 사랑을 다시 찾습니까? 기이하게 들릴 수 있지만, 헤어져서 다시 찾습니다. 자신의 길이 가장 깊이 연결하기 때문입니다. 어떻게? 둘이 같은 내면의 소리를 따름으로 둘은 연결됩니다.

헤어진 길 때문에 오직 겉으로만, 둘은 멀어지게 보입니다. 저 깊이에서는, 같은 영적인 정신의 힘에게의 복종이 둘을 연결합니다. 그 힘은 둘에게 각자의 것을 원하는 사랑으로 둘이 다른 길을 가게 합니다. 둘은 자신들의 헤어진 길에의 동의를 찾습니다. 그리하여 가장 깊은 존경으로 서로 하나가 됩니다, 가장 깊이 하나가 됩니다.

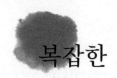

복잡한

분명한 선이 없는 어떤 것은 우리에게 복잡하게 나타납니다. 여러 선들이 여러 방향으로 향하기에, 모두를 보고 한 방향으로 끌기 어렵습니다.

그러기에 예를 들면, 복잡한 혼인, 복잡한 문제, 복잡한 질문, 복잡한 과제 등이 있습니다. 많은 여러 가지가 공통의 어떤 것으로 묶어져, 같은 복표를 향하게 되면, 그것은 우리에게 가볍고 복잡하게 됩니다.

여러 가지의 영적인 정신의 흐름들이 같은 방향으로 일치하려면, 갑자기 복잡해져 얼마 있으면 그 노력들은 활기를 잃습니다.

여러 종교들의 공동의 어떤 것을 위해, 적어도 일시적인 대화를 위해, 하려는 시도는 말할 것도 없고, 기독교 내에서의 일치 운동을 보면 우리는 그 노력들이 활기를 잃는다는 것을 알 수 있습니다.

어려운 점들은 그대로 두고, 서로 반대되는 움직임들이 서로 존중하며, 핵심문제에서 공동노선을 찾으려 하지 않고, 나란히 자신들의 움직임들을 그대로 가게 하는 것이 더 쉬울 것입니다.

이런 관계들에서 한 부분이 다른 부분을 차지하여 자신의 것을 다른 부분께 강요하려고 하면, 더 어려워집니다. 둘이 제한되거나 상대에게 넘겨지게 경험하는 일치보다 서로 허용하는 것이 둘을 더 연결합니다.

여기에서 풀어주는 문장이 되는 열쇠는 곧, 모두에게 같은 권리와 같은 움직임의 자유입니다.

아이고 하느님

"**아이고** 하느님 맙소사!"라고, 우리에게 좋지 않은 일이 닥치면, 우리는 가끔 신음합니다. 이 신음 뒤에는 "신이여 어찌 그걸 허락하십니까!"라는 간청뿐 아니라 비난이 들어 있습니다.

우리가 신에게 원하는 대로 신이 우리를 좋아해야 한다고 왜 우리는 원합니까? 신이 우리만 사랑해야 하고 다른 사람들은 덜 사랑해야 합니까? 신이 다른 사람들을 반대하여 그들에게 적대해야 합니까?

신이 만약 어떤 사람만 사랑하고 다른 사람들을 덜 사랑하거나 사랑하지 않는다면, 그 신이 사랑의 신이 될 수 있습니까?

만약 그렇다면 신은 나의 신입니다. 나의 사랑스런 신이 되기 위해 그 신은 내가 원하는 것을 해야 합니다.

성서에, 신은 사랑이라고 쓰여 있습니다. 우리와 성서는 이 문장으로 무엇을 말하려 합니까? 우리와 성서는 신이 모두를 똑같이 사랑한다고 인정합니까? 신이 그 사랑에서 누구도 차별하지 않고, 모두에게 똑같이 잘 되라고 원합니까? 혹, 우리는 신이 우리를 더 사랑하고 더 나아가 다른 사람들에게 나쁜 것을 원하길 기대하지는 않습니까? 예를 들면 신이 그들을 저주하길 원하지는 않습니까?

만약 우리가 그들에게도 잘 되게 기도한다면, 그들에게도 자비를 간구한다면, 어떠합니까? 그래도 그 신은 우리에게도 좋은 신입니까? 우리는 그를 아직도 우리 신으로 사랑합니까? 우리가 원하는 대로 그가 사랑하지 않기에, 우리가 신으로부터 버림받은 느낌을 갖습니까?

신이 모두를 사랑하는 대로 그리고 우리를 모두와 함께 똑같이 사랑하는 대로 우리가 순응하면, "아이고 하느님 맙소사!"라고 말할 수 있습니까? 혹, 우리는 우리의 가장 깊은 내면에서 모두를 향한 그의 같은 사랑에 동의하지는 않습니까?

그렇다면 사랑의 신은 모두를 사랑하는 신입니다. 우리가 지금까지 우리의 사랑을 거절한 사람들도 사랑하는 신입니다. 그리하여 우리는 그의 더 큰 사랑에 순응하여 신처럼 사랑하기 시작합니다. 어떻게?

우리가 신처럼 사랑하기 시작하여도, 우리는 모두에게 신의 사랑을 원합니다. 신이 그를 사랑하는 대로 원합니다. 모두를 동시에 똑같이 사랑하길 원합니다.

유혹

유혹은 우리를 함정으로 유인합니다. 유혹은 우리를 함정으로 유인하기 위해 이뤄질 수 없는 약속을 합니다.

우리는 그런 것들을 광고에서 봅니다. 그들의 약속이 언제나 거짓은 아니지만 - 비쌉니다. 그들은 우리에게 필요 없는 어떤 것을 사게 합니다. 또는 많은 약품처럼 우리에게 해가 되는 어떤 것을 사게도 합니다. 우리는 그들이 우리를 유혹하는 줄 알면서도, 자주 그 유혹에 넘어갑니다.

가장 위험한 유혹은 위협을 동반하는 구원의 약속입니다. 구원과 연결된 조건들을 우리가 실행하지 않으면, 우리의 생명뿐만 아니라 영혼도 잃을 거라고 우리를 위협합니다.

누가 우리에게 그런 구원의 약속을 합니까? 우리의 정신과 영혼을 지배하려는 사람들입니다. 그들께 봉사하게 하여, 우리는 해를 입습니다. 물론 많은 영혼의 사냥꾼들은 스스로 그런 유혹에 넘어 갔습니다.

우리는 어떻게 그렇게 구원을 약속하는 유혹에서 벗어납니까? 첫째 우리는 그들의 약속이 거의 다 미래에 이뤄진다는 것을 관찰합니다. 그리하여 그 약속은 지금의 삶을 위해서는 텅 빈 것으로 나타날 수밖에 없습니다.

둘째 그 약속은 생명을 제한하는, 더 나아가 생명을 해롭게 하는, 조건들과 연결돼 있습니다.

셋째 그 조건들을 신이 계시했고, 그 조건들을 따르는 사람들만 신은 사랑한다고 말합니다. 그렇지 않은 사람들은 신의 사랑에서 제외돼, 영원히 저주받는다고 말합니다.

어떻게 생명의 창조자가 자신에게서 오는 생명에 반대하는 어떤 것을 원하겠습니까? 생명 스스로가 가장 큰 구원의 약속이 아닙니까? 유혹은 생명의 이 구원의 약속을 적대하여 우리를 사로잡지는 않습니까?

우리는 어떻게 그 유혹으로부터 우리를 지킵니까? 우리는 달콤한 약속의 말을 듣지 않고, 거짓된 화려함을 보지 않습니다. 우리는 생명이, 생명인대로, 우리를 유혹하게 합니다. 우리에게 가장 위대한 약속으로서 선물로 주어진 생명 자신이 우리를 유혹하게 합니다. 우리는 이 생명에 지금 기뻐합니다. 우리를 위해 매순간 스스로를 실현하는 생명에 그대로 기뻐합니다. 우리는 이 생명을 지금 벌써 사랑으로 받습니다.

옳은

도움이 되는 것이 옳습니다. 여기에서 옳은 것은 결과로부터 옳은 것으로 보여집니다. 도움이 되느냐 또는 해가 되느냐보다, 죄가 되느냐 또는 죄가 되지 않느냐와 관계 되는 것들을 재는 옳고 그름의 구별 너머, 결과로부터 옳은 것으로 보여집니다.

그렇다면 생명에 봉사하는 모든 것은 옳습니다. 관계가 잘 되게 하는 또는 다시 잘 되게 하는 것도 옳습니다.

결국 사랑에 봉사하는 모든 것은 옳습니다. 옳은 것은 도덕적이고 종교적인 성격의 많은 경계들을 뒤로 합니다. 생명을 계속가게 하는 - 그리고 우리의 행복도 계속가게 하는 - 것에 옳은 것은 방향을 잡습니다.

옳은 것은 방향과 관계가 있습니다. 옳은 것은 목표를 이끌어 어떤 것이 이뤄지도록 방향을 줍니다.

이 의미에서 일에 알맞고 일을 잘 되게 하는 생각들은 옳습니다.

정말 알아차려지게 되는 것으로서의 모든 것은 옳습니다. 무엇보다 어떤 것이 가고 가야만 하는 움직임은 옳습니다.

그런데 자주 여기에서 옳은 것은 아직 드러나지 않습니다. 창조적인 움직임을 가져오는 통찰과 창조적인 움직임도 아직 드러나지 않습니다. 옳은 것은 움직임에서 그리고 움직임이 일으키는 것에서 자신을 나타냅니다.

창조적으로 어떤 것을, 무엇보다 새 생명을, 생기게 하는 사랑은 언제나 옳습니다. 그러기에 생명에 봉사하는 것은 언제나 옳습니다. 이 방향은 본래의 목표에 도달합니다. 움직임에 있는 목표에 도달합니다.

눈에 띌 수 없는

담에서 자란 꽃은 눈에 띄지 않습니다. 자랄 공간이 없기에 작게 자라지만, 아름답고 매혹적입니다.

작은 꽃은 자신의 공간을 꽉 채웁니다. 작은 공간도 눈에 띄지 않는 것으로 가득 채워집니다. 우리는 더 놀라워하며 그 앞에 멈춥니다. 눈에 띄지 않는 것은 우리를 끕니다.

눈에 잘 띄는 것에서도 우리는 잘 보이지 않는 작은 것을 찾습니다. 무엇보다 작은 장식품은 작지만 완성돼 있습니다.

많고 큰 것은 시간이 지나면 지칩니다. 차라리 우리는 눈에 띄지 않는 것에서 쉽니다.

우리 자신의 눈에 띄지 않는 것도 우리와 비슷합니다. 신경이 덜 쓰이지만, 우리에게 오래 머무는 것으로 그것은 증명합니다. 집에서 입는 옷이 그렇습니다.

눈에 띄지 않는 것은 우리와 다른 사람들을 평온하게 둡니다. 그것은 비교와 비판을 벗어납니다. 아무도 비하하려 할 필요가 없습니다. 그것은 이미 아래에 있기 때문입니다. 아래에는 어떤 시끄러움도 없습니다.

무엇보다 영화된 정신은 눈에 띄지 않습니다. 누가 그 정신을 파악할 수 있습니까? 누가 그 정신과 함께 나타나겠습니까? 그럼에도 그 정신은 있습니다, 눈에 띄지 않게 거기 있습니다.

그 정신은 모든 것을, 감춰진 깊이에서부터 안으로 관통하기에 거기 있습니다. 그 정신의 움직임과 공명에서, 우리도 눈에 띄지 않지만 평온하게 거기 있습니다. 정신 차려 거기 있습니다, 그 움직임과 함께 정신 차려 거기 있습니다.

성장도 눈에 뜨지 않습니다. 얼마 후에야 우리는 성장의 결과에, 영화된 정신의 움직임의 결과에, 놀라 멈춥니다.

그 정신은 우리를 위해 눈에 띄지 않게 뒤에서 작용합니다, 눈에 띄지 않지만 강렬하게 작용합니다.

사랑의 일상도 눈에 띄지 않는 것으로 삽니다. 예를 들면 작은 몸짓이나 작은 관심으로 삽니다.

여기에선 어느 것도 보이기 위해 있지 않습니다. 사랑은 거기— 있음으로 삽니다, 눈에 띄지 않는 거기 — 있음으로 삽니다.

이 의미에서 깊은 모든 것은 눈에 띌 수 없습니다. 깊은 사랑, 깊은 예배, 깊은 신뢰, 무엇보다 우리는 신 앞에서 눈에 띌 수 없습니다.

넓은

목표가 멀리 있는 길은 멉니다. 언제나 다음 걸음만이 가깝습니다.

모든 것이 존재하는 대로, 모든 것에 열려 있는 의식은 넓습니다. 우리 의식이 다른 의식들을 제외하고 적은 것에게 자신을 제한하면, 우리 의식도 좁습니다.

이 의미에서 모든 것이 존재하는 대로, 모든 것에 동의하는 사랑은 넓습니다. 넓다는 것은 여기에서 열려 있다는 것입니다. 모든 것이 자신을 나타내는 대로 모든 것에 열려 있다는 것입니다. 어떤 것이 우리를 어디로 이끌든지, 그리고 그 끝이 우리에게 감춰져 있어도, 어떤 것에 열려 있다는 것입니다.

모든 새로운 것은 아직 시작에 있기에, 넓습니다. 모든 새로운 것이 다음 새로운 것을 향해 계속 가면, 그것은 새롭게 머뭅니다. 그러기에 그 움직임은 앞으로 뿐만 아니라 넓게도 갑니다.

퍼지도록 허락된 모든 것도 넓게 됩니다. 옆으로 뿐만 아니라 높이와 깊이로도 넓게 됩니다.

가끔 어떤 것은 자신께 주어진 경계에 도달합니다. 예를 들면 나무는 자신께 가능한 높이만큼 성장합니다, 절대 하늘에 닿지 못합니다.

시야가 동시에 많은 것은 파악하면, 그 시야도 넓습니다. 그럼에도 시야는 지평선과 함께 경계에 닿습니다만 우리의 눈이 볼 수 있는 경계를 넘어 그 시야는 갑니다. 기계의 도움으로 우리 시야는 많은 경계를 넘습니다. 넓고, 깊게 그리고 이제까지 도달할 수 없는 감춰진 깊이로 갑니다.

무엇보다 우리의 생각들은 넓습니다. 어떤 것도 우리의 생각들을 방해하거나 제한할 수 없습니다. 이 면에서 우리 생각들은 자유롭습니다.

질문은: 이 생각들이 현실에 맞습니까? 현실에 맞는다면, 현실이 생각들에게, 생각들이 순응하는 경계를 줍니다.

실현되는 생각들은 다릅니다. 그 생각들은 창조적이기 때문입니다. 곧, 그 생각들은 전에 없었던 어떤 것이 생기게 합니다. 이 생각들은 우리의, 이제까지의 가능성의 경계를 넘어 새로운 넓이로 갑니다.

이 생각들이 가능하게 하는 것은, 우리가 그 생각들을 행동으로 실현하려고 하면, 우리에게 멀리에서 가깝게 옵니다. 행동에서야 이 넓이 우리에게 가깝게 옵니다, 멀리 가깝게, 지금 가깝게, 계속 가면서 가깝게, 언제나 움직임에서 옵니다. 어디로? 넓이로 움직이면서 옵니다.

향하는

향하는 은 내가 누군가에게 관심어린 사랑으로 가까이 간다
는 것입니다. 그러기에 나는 그 인대로 그에게 향합니다. 그가 그
인대로가 아니라 달라야 한다는 내 상상들을 나는 놓습니다. 그가
원하거나 할 수 있는 것 말고, 다른 것을 원하고 다르게 행동해야
한다는 내 상상들을 놓습니다.

그러려면 나는 나였고 나인대로의 나에게 향해야만 합니다. 나
의 잘못이나 약점들에게도 나는 향해야만 합니다. 다른 사람들에
게 어떤 것을 짊어지게 하여, 그들에게 상처를 주었거나 손해를 입
혔어도 나는 나에게 향해야만 합니다.

우리에게 어떻게 이 향함이 잘 됩니까? 우리가, 각자 자신의 방법
으로, 모든 면에서 다른 힘들에 의해 봉사하게 잡혀져 있다는 앎에
서 잘 됩니다. 우리가 모두에게서 같은 힘이 작용한다는 것을 보면
잘 됩니다. 그 힘이 우리와 다른 사람들에게 나타났거나 아직도 나
타나는 가말고 다른 어떤 것이 옳다고 보는 것이 우리를 포함한 모
두에게 주어져 있지 않다는 것을 앎으로 잘 됩니다. 그러기에 우리
는 우리의 향함에서, 무엇보다 무엇이 좋고 나쁘다는 우리의 생각

들이나 소원들로, 그 향함에 방해되는 것을 하지 않습니다.

이 향함은 우리에게 더 어떤 것을 가능하게 합니다. 우리는 다른
사람으로부터, 우리 생명에 의미가 있고 우리와 그의 성장에 기여
한 것을, 그것이 어떠하든 받습니다. 우리는 고맙게 그로부터 받습
니다. 우리는 그를 다그치지 않고, 그를 이끄는 것을 방해하지 않
으면서 그에게 향할 수 있습니다. 우리의 향함은 우리와 그를 함께
동시에 자유롭게 둡니다. 우리는 그로부터, 그는 우리로부터 자유
롭게 있습니다.

너무 늦게

다시 반복할 수 없는 어떤 것을 놓친 사람은 너무 늦게 옵니다. 아주 중요한 약속에 너무 늦게 온 사람은 그걸 잊을 수 있습니다. 너무 늦게란 여기에서, 내게 너무 중요했기에, 나를 잡은 어떤 것이 사이에 왔다는 것입니다.

예를 들면 감사나 인정 또는 사랑이 너무 늦게 옵니다.

우리가 주의를 주지 않고 두었기에, 가능했을 통찰도 가끔 너무 늦게 옵니다. 우리가 놓친 후회도 너무 늦게 옵니다. 무엇보다 희망도 너무 늦게 옵니다.

그러나 순간은 결코 너무 늦게 오지 않습니다. 순간은 언제나 거기 있습니다, 온전하게 거기 있습니다. 순간은 우리에게 모든 것을 제공합니다. 우리는 단지 받기만 하면 됩니다. 당연히 순간은 우리에게 온 관심을 요구합니다. 순간이 우리를 온전하게 사로잡으면, 우리는 순간에 우리를 잃습니다. 우리를 잃는 순간에 순간은 자신을 드러냅니다.

이게 온전한 순간의 한 면입니다. 다른 면은 깨어 있는 정신집중
입니다. 이 정신집중은 움직이지 않고 밖을 향하고 있습니다. 이
집중에서 우리가 넓은 어떤 것인 전체와 연결돼 있다는 것을 우리
는 경험합니다. 전체를 받아들인 우리는 전체와 함께 진동합니다.
이 진동에서는 모든 것이 거기 있습니다. 완성돼 거기 있습니다,
이 순간 거기 있습니다.

　이렇게 모든 관계는 순간에 삽니다. 순간에 모든 관계는 자신의
충만에 닿습니다.

　생명도 그리고 생명과 함께 성장하는 것도 결코 너무 늦게 오지
않습니다. 오직 우리만 가끔 너무 늦게 생명을 그 충만으로 받습니
다. 우리는 너무 늦게 생명에 기뻐합니다. 지금 너무 늦게 기뻐합
니다. 여기에서 모든 것은 자신의 충만을 지금 갖습니다.

　생명뿐 아니라 사랑과 행복도 이 순간 "너무 늦게"는 없습니다.
지금 이 순간 사랑과 생명 그리고 행복은 그저 거기 있습니다.

차지된

차지된 이란, 어떤 것이 누군가에게 잡혀져 있다는 말입니다. 예를 들면 자리 등은 차지됩니다. 그리하여 다른 사람들은 그 자리를 차지할 수 없습니다.

반대로 어떤 것이 누군가를 위해 차지되었다고 말하기도 합니다. 서비스를 받으려면 우리는 그러기에 순서를 기다려야 합니다. 자주 전화 연결을 위해 우리는 기다려야 합니다.

전쟁에 지면 한 지역이나 국가도 차지됩니다. 그러면 우리는 점령이나 점령군이라고 말합니다. 점령군은 점령이 계속되는 한, 그 지역을 지배합니다.

가끔 우리도 다른 사람들에게 우리가 거기 있지만, 거기 없게 보일 때도 있습니다. 예를 들면 우리가 생각들에 사로잡힐 때입니다. 만약 우리가 아주 강렬하게 사로잡혀 있다면, 우리는 홀렸다고 말합니다. 예를 들면 많은 사람은 어떤 이념에 홀려 있습니다. 그 이념은 우리를 사로잡아 우리는 다른 어떤 것도 할 수 없습니다.

우리가 타인이나 그의 정신에게 사로잡힐 수 있습니까? 그렇다는 것은 분명합니다. 예를 들면 한 조상의 운명을 많은 사람들은 반복합니다. 그럼 우리는 그들이 운명에 얽혔다고 말합니다.

질문은 : 그들이 그 운명이나 그 조상을 스스로 가져가느냐 혹은 자신의 운명을 완성하지 못한 그 조상이 후손들을 데려가느냐 입니다. 가끔 어떤 영혼들은 집이나 어떤 장소들에 달라붙어 있다가, 그 집에 사는 사람들이나 아무것도 모르는 행인들에게 붙습니다. 그 영혼들은 얼마 동안 그들을 차지합니다.

많은 사람은 죽은 사람들에게 사로잡히는 경험을 하기도 합니다. 어떤 치유 자들입니다.

우리는 그런 사로잡힘을 어떻게 다룹니까? 그들과 우리는 공명에 옵니다. 곧 우리는 그 점령을 사랑으로 동의합니다. 우리는 그 영혼들과, 그 영혼들이 자유롭게 되게 하는 방향으로 갑니다. 그리하여 우리는 그들과 좋게 연결되면서 자유롭게 됩니다. 이 연결에서 우리는 그들이 우리에게 사랑으로 향하고 있다고 경험합니다. 우리가 먼저 그들이 자신들의 길을 가도록 하는 것처럼, 그들도 우리가 우리 길을 가도록 합니다.

만약 우리가 그렇게 죽은 사람들이나 다른 존재에 의해 다른 사람들을 위해 사로잡힌다면, 우리는 어떻게 합니까? 우리가 그들에게 붙지 않도록, 그들이 우리를 통과하도록 합니다. 그러는 동시에 우리는 그들 너머 우리가 봉사하는 힘을 바라봅니다. 그리고 그 바라봄에서 우리는 함께 봉사로 연결돼, 각자의 봉사를 위해 자유롭게 있습니다.

모든 것을 창조적으로 거기 생기게 하며 끊임없이 거기 존재케하는 영적인 정신의 힘에 의해 우리는 마지막까지 잡혀 있습니다. 이 힘과 공명에서 우리는 많은 사람들을 위한 사랑에 봉사합니다. 그 정신의 사랑에 사로잡히고 이끌린 우리는, 그 사랑과의 공명에서 우리가 우리 길에서 데려가야 하고 데려가도록 허락받은 것을, 기꺼이 우리에게 데려갑니다.

그런 다음 우리의 바라봄과 움직임은 어디로 갑니까? 그 힘에게 갑니다. 그 힘에게만 오직 갑니다. 그 힘에 의해서 모두가 같게 사랑으로 이끌리기에, 그 힘과 공명에서 모두는, 우리를 사로잡은 그들도, 서로 연결되는 동시에 이 포괄적인 사랑을 위해 준비가 되며 자유롭습니다.

아침

아침은 빛납니다. 아침과 함께 어떤 것이 나타납니다. 밝은 날이 옵니다.

아침은 시작입니다. 아침과 함께 우리는 일을 시작합니다.

아침은 희망의 시간입니다. 우리는 아침이 가져올 것을 바라보고, 올 것에 준비합니다.

아침은 상쾌함의 시간입니다. 밤을 지난 우리는 힘에 넘쳐, 힘을 사용할 준비를 합니다. 그러기에 우리는 "아침 시간은 황금이라"고 말합니다. 우리는 밤을 뒤로 하고 행동으로 나갑니다.

이와 비슷하게 우리는 생명의 아침도 갖습니다. 생명의 아침에 우리는 자궁의 밤에서 깨어납니다. 잠시 동안 우리는 더 졸지만, 우리는 우리 발로 제대로 걷습니다. 그런 다음 우리는 오는 것을, 충만한 생명을, 향해 움직이기 시작합니다.

영적인 정신의 아침도 있습니다. 마치 그 아침도 캄캄한 밤에서 이성의 밝음으로 깨어나는 것 같습니다. 서양은 그리스 철학에서 영적인 정신의 아침을 경험했습니다. 그 아침은 아직도 빛납니다.

우리는 또한 창조의 아침에 대해 말하기도 합니다. 그 때 신은 세계를 창조하고 말했습니다. "빛이여 있어라!"

그 창조는 지금도 계속 갑니다. 창조는 언제나 아침 이슬의 상쾌함입니다, 언제나 시작입니다. 우리는 이 창조적인 움직임에 함께 공명할 수 있습니다. 언제나 새로운 것을 향해 그 움직임에 안겨, 데려져 가면서 함께 공명할 수 있습니다. 그 움직임과 공명에서 우리는 매일 아침 앞을 바라봅니다.

이 움직임 뒤에는 앞으로 가게 하는 어떤 힘이 있습니까? 그것은 사랑입니다, 오는 새로운 것을 향하는 사랑입니다, 새로운 밝은 날을 향하는 사랑입니다.

밤

밤은 어둡습니다. 낮에 중요하게 보였던 것은 밤에 의해 감춰집니다. 밤은 그것에 손을 못 대게 합니다.

밤에 우리는 조심스럽게 앞으로 나아갑니다. 발을 잘못 디디면, 넘어진다는 것을 우리는 예감합니다.

우리는 밤도 신뢰할 수 있습니다. 그럼 우리는 보지도 않고, 다음 걸음을 압니다, 확실하게 합니다. 단번에 다른 힘이, 보는 힘이, 우리를 이끕니다.

낮에 우리는 우리 자신을 신뢰하여, 보면서 행동합니다.

밤에 우리는 우리 손을 잡고 이끄는 우리 밖의 어떤 것을 신뢰합니다.

밤의 보호에서 우리는 다르게 움직입니다. 우리는 비밀의 길로 이끌려, 보지 않고 낮이 우리에게 감춘 밤의 비밀들을 경험합니다.

밤에야 별은 빛납니다. 밤에야 우리는 별의 거리를 잽니다. 낮의 밝음은 가깝습니다만 밤은 무한히 멉니다.

이게 우리 삶에 무슨 의미를 줍니까? 밤에야 우리는 넓게 됩니다. 밤에야 먼빛은 빛납니다. 밤에야 우리는 고요하게 됩니다, 생각 없이 고요하게 됩니다.

낮에 우리는 가고, 밤에는 머뭅니다. 밤에 우리는 평온에 와, 놓습니다. 밤에 우리는 다른 공간에 들어섭니다, 영원한 공간에 들어섭니다.

우리는 어디에서 집을 갖습니까? 낮이 우리 뒤에 머물고, 밤이 시작하는 곳이 집입니다. 우리는 거기에서 잠을 잘 수 있습니다.

우리는 언제 신을 만납니까? 낮이 지난밤에 만납니다. 우리는 신을 완성된 밤에 만납니다. 이 밤에는 차이가 같게 됩니다. 밤은 구별하지 않고 차이를 받아들입니다.

어디에 사랑이 삽니까? 사랑은 밤에 삽니다. 사랑은 밤에, 깊은 밤에, 신의 밤에 머뭅니다.

전망(展望)

전망은 우리 앞에 보이는 어떤 것을 향해 갑니다. 예를 들면 들판을 향해 갑니다. 들판을 잘 바라보기 위해 사람들은 전망대를 만들어 놓기도 합니다. 거기에서 우리는 그 자연의 아름다움을 온전하게 즐깁니다.

물론 거리를 둬야 합니다. 거리를 둬야 우리는 전체의 경치를 즐깁니다. 전망은 움직이지 않아야만 받아들입니다. 들판은 전망에 다가와 옷을 벗어 아름다움을 보입니다. 가까이 다가가면, 들판은 다시 자신을 덮어 우리로부터 벗어납니다. 우리가 단지 사진만 찍으려고 하면 그렇습니다.

우리가 이 전망에서 들판에 알맞은 거리를 지켜 외경심을 가지면, 들판은 우리에게 가까이 와 우리 안에 들어와 우리를 사로잡습니다. 그리하여 들판은 우리와 하나가 됩니다.

이 전망은 그냥 바라봄 이상입니다. 그냥 바라봄은 제한돼 있습니다. 도시 관광 등에서 우리는 짧은 시간에 많은 것을 보고 많은 것을 수집합니다. 그 바라 봄들은 그냥 우리 곁에 있습니다. 그들은 우리의 부분이 되지 않습니다.

전망은 언제나 넓게 갑니다. 우리는 우리 미래도 그렇게 전망합니다. 미래를 전망함은 우리가 멀리 바라봄과 연결하는 다른 움직임입니다. 우리는 묻습니다. : 우리의 전망이 무엇인가 하면서, 우리는 거기에 우리를 맞춥니다.

우리는 전망이란 단어의 두 의미를 서로 연결할 수 있습니다. 우리는 미래가 마치 넓은 들판인 것처럼 하면서 가까이 다가가지 않고 미래에 우리를 맡깁니다. 여기에서도 우리는 기다립니다. 미래가 스스로 우리에게 다가와 우리에게 자신을 전체로서 열 때까지 기다립니다.

이 순간 우리는 우리의 미래와 하나가 됩니다. 우리는 미래를, 미래는 우리를 받아들입니다. 미래는 우리가 어떤 것을 계획하고 실행하기 전에 우리를 이미 데려갑니다.

그럼 우리의 전망은 어떠합니까? 우리의 전망은 크고 넓지만 여기입니다.

멈추지 않는

우리가 멈추게 하면, 어떤 움직임은 멈춥니다. 그래도 계속 가는 움직임이 있습니까?

그런데 우리는 어떤 움직임들을 멈추게 합니까? 우리를 두렵게 하는 움직임들을 우리는 멈추게 합니다. 그 움직임들은 우리를 낯선 곳으로 데려갈 수도 있습니다. 거기에서 우리는 다르게 방향을 잡아야 하며, 우리가 할 수 없다고 느끼는 것을 해야 할 요구를 우리는 받습니다. 그러기에 우리는 비상 브레이크를 겁니다.

그럼 우리에게 무엇이 일어납니까? 우리의 움직임은 멈춥니다. 이 움직임과 함께 자주 우리의 미래나 행복 가끔 더 나아가 우리의 생명도 멈춥니다.

무엇보다 무엇이 그런 움직임을 멈추게 합니까? 이의(異意)입니다. 그런 이의는 어디에 근거합니까? 알려진 어떤 것에 근거합니다. 우리가 그 움직임을 가게 하면, 그 움직임은 어디를 향해 갑니까? 언제나 알려지지 않는 어떤 것으로 갑니다.

이 움직임에 반대하는 이의는 옛것을 신뢰합니다. 그러나 새것은 알려지지 않았습니다. 그러기에 모든 새것은 옛것 너머에 있습니다.

새것을 행하여 가는 움직임이 멈춰서면, 그 움직임이 다시 가게 하기는 어렵습니다. 그 움직임은 옛것에 머뭅니다.

어떻게 하면 우리가 이 움직임과 함께 갑니까? 우리는 그 움직임을 생명의 움직임으로 신뢰합니다. 그 움직임은 다른 힘들에 의해 안겨가고 이끌립니다. 그 힘들은 우리를 다른 궤도로, 자신의 방향으로, 멈추지 않고 가게 합니다. 매순간 멈추지 않고 새롭게 가게 합니다. 그렇다면 무엇보다 무엇이 멈춰야 합니까? 우리의 소심과 우리의 핑계들입니다.

더 생각할 게 있습니다. 멈추면 빨리 늙습니다. 멈추지 않으면 젊게 있습니다. 무엇보다 사랑은 젊게 있습니다.

3장

아, 나는 당신의 영혼을   잃어진 어떤 것에,
아무도 모르는 정적의 자리에,   데려가고 싶구나.
암흑에,   거기에서는 더 이상 진동하지 않는 구나,
                              네 깊은 영혼들이 진동해도.

옴

우리가 갖고 있는 모든 것은 왔습니다. 무엇보다 생명이 왔습니다. 생명이 왔기에, 우리는 생명을 갖습니다. 생명이 어디에서 왔습니까? 우리가 알지 못하는 먼 곳에서 왔습니다.

그렇다면 우리가 우리 생명을 갖습니까? 우리가 우리를 위해 또는 정해진 시간에만 갖습니까? 생명은 왔던 곳으로 다시 돌아갑니까? 그렇다면 우리도 생명과 함께 갑니까?

우리 부모도 우리에게 왔습니다. 부모가 우리에게 왔기에 우리에게는 부모가 있습니다. 물론 부모가 우리에게 온 것으로 우리가 받아야 만, 우리에게는 부모가 있습니다.

우리에게 온 모든 것도 우리가 받아야만, 우리에게 머뭅니다. 우리가 받아 넘겨주면, 그것은 얼마 동안 우리에게 머뭅니다. 그리하여 그것은 다른 사람들에게 갑니다.

모든 옴은 앞으로의 움직임입니다. 온 곳으로 그것은 계속 갑니다. 가지 않으면, 중단합니다. 이렇게 우리에게 온 것을 우리는 모아둘 수 없습니다. 모아두면, 상(傷)합니다.

우리에게 어떤 것도 자주 갑자기 옵니다. 예감이나 통찰 또는 결정적인 충동 등 입니다. 그것들은 우리를 다른 사람들에게 가는 방향으로 데려갑니다.

사랑도 우리에게 그렇게 갑자기 옵니다. 사랑은 옴입니다. 사랑은 우리에게도 또 다른 사람들에게도 옵니다. 사랑이 우리에게 먼저 왔기에, 다른 사람들에게 갑니다.

사랑을 갈망하는 우리는 다른 사람에게 속으로 말합니다. : "와 주세요!" 사랑이 오직 오기에, 사랑은 머물 수 있고 있을 수 있습니다.

사랑과 함께 모든 것이 옵니다. 사랑과 함께 행복도 옵니다.

비틀린

발이 이쪽으로 가려고 하는데, 머리는 저쪽으로 가려는 것처럼, 어떤 것은 틀린 방향으로 비틀립니다. 그는 비틀리게 보입니다. 발로는 어느 방향으로 가려는 것을 알지만, 머리로는 그걸 부정합니다.

같은 방법으로 우리는 원래 분명한 생각을 아마 반대로 왜곡(歪曲)합니다. 그러나 그 생각은 왜곡되었기에, 원래 생각은 계속 유효합니다. 원래 생각은 왜곡을 뚫고 비칩니다.

가끔 우리는 누군가에게 말합니다. : "너는 내 말을 곡해하는구나!" 우리가 분명하게 말하는데도, 그는 왜곡하여 듣습니다.

왜 그렇습니까? 분명한 생각, 분명한 단어, 분명한 행동은 누군가가 원하는 것을 의문시하기 때문입니다. 자신이 원하는 것이 자신을 혼란스럽게 하는데도 그가 원하기에 그렇습니다.

왜곡된 태도나 생각들 그리고 단어들을 사람들은 오직 잠시 동안만 견딥니다. 얼마 있으면 원래의 것들이 회복합니다. 그러기에 왜곡되면, 오직 기다리기만 하면 됩니다.

우리도 우리를 보호하기 위해 가끔 남들이 알면 불편한 사실을 왜곡합니다. 그래도 진리는 우리를 따라잡습니다.

왜곡들은 확실한 결말을 갖습니다. 그러기에 우리는 왜곡들을 보고, 그 결말을 기다립니다. 어떻게? 사랑으로 기다립니다.

없애려는

가끔 우리가 어떤 것을 없애려고 시도합니다만, 그게 잘 됩니까? 그것은 아마 더 강해지는 건 아닙니까?

존재하는 어떤 것도 없어지게 할 수 없습니다. 존재하는 어떤 것도 우리는 떨쳐 버릴 수 없습니다. 무엇보다 우리가 떨쳐 버리려는 어떤 사람이나 죄를 우리는 결코 떨쳐 버릴 수 없습니다. 존재하는 어떤 것도 없어질 수 없습니다. 우리가 가장 깊이 숨겨 논 생각들마저 없어질 수 없습니다.

그럼에도 어떤 것이 없어지게 하는 방법이 있습니다. 우리는 정반대 길을 찾습니다.

왜 우리는 어떤 것을 없애려고 합니까? 우리가 그 힘을, 우리를 위협하는 힘을, 경험하기 때문입니다. 그러나 그 힘이 아주 강하기에, 없애려는 우리의 시도는 헛됩니다. 반대로 그것은 더 강해집니다.

그 결과는 어떠합니까? 우리가 없애려고 시도하면, 우리의 노력은 헛되어, 우리는 더 약해집니다. 우리가 존재하는 것을 그 힘과 함께 존재하는 대로 인정하면, 우리는 더 강해집니다.

우리가 없애려고 하는 것은, 우리가 보지 않으려는 우리 일부로 밝혀집니다. 우리가 없애려고 함으로, 우리는 우리 자신을 없애려고 합니다만, 그건 불가능합니다.

풀림은 무엇입니까? 우리는 우리가 없애려고 하는 모든 것을 추방으로부터 데려옵니다. 우리는 우리에게 그것이 요구하는 모든 것과 함께 그것을 받아들입니다. 갑자기 우리는 그것이 우리 자신의 가장 깊은 힘이라는 것을 인식합니다. 그 힘을 우리는 새로운 좋은 것이 생기게 하는 근원으로 인식합니다.

우리가 없애려고 하는 것은 우리를 드디어 온전하고 풍부하게 합니다, 무엇보다 우리를 인간적으로 만듭니다.

학살

학살은 원래 전쟁에서 창이나 칼, 단검, 도끼 등으로 서로 마구 죽이는 것이었습니다. 점령한 지역의 주민들도 그렇게 마구 죽였습니다. 언제나 피가 물같이 흐르는, 승리의 학살이었습니다.

오늘 날 학살은 거의 멀리 떨어져 일어납니다. 미사일 등으로 공격합니다. 그러기에 거의 개인적인 분노나 전투가 없이 일어나기에 물론 개인적인 위험도 없습니다. 그러나 이런 살육은 옛날 전쟁과는 비교할 수 없이 피해가 큽니다.

오늘 날 살육은 자주 문명화된 형태를 갖습니다. 그러나 그 결과는 많은 사람에게 같습니다.

인공유산은 원래 살육에 가깝습니다. 기한 내의 인공유산이라는 면죄부로 살육은 감춰집니다.

적대국을 점령하는 것도 많은 사람들에게는 학살과도 비슷합니다. 그 점령은 승리감과 깊이 연결돼 있습니다.

육체적인 살육과 비슷한 영적인 살육도 있습니다. 옛날에 교회는 신자들을 파문했습니다. 그들이 신을 떠났기에 그들은 지옥으로 떨어진다고 선고되었습니다. 또 어떤 죄들은 죽을죄라고 했습니다. 또 죽어서도 영원한 지옥에 떨어진다고 했습니다.

크고 작은 정치적인 투쟁에서도 그런 협박들이 동원됐습니다. 승리감을 충족시키는 그런 협박들은 학살과 거의 차이가 없었습니다. 그들은 많은 사람들이 보는 데서 마녀라고 태워 죽이고 이단자라고 처형했습니다.

무엇이 모든 차원에서 이런 학살을 끝내겠습니까? 모든 사람들이 모두를 존재케 하는 창조적인 힘 앞에서 같다는 통찰입니다. 그 힘은 모두를 같게 사랑하고, 모두에게 이 세상에서 살 수 있는 같은 권리를 준다는 통찰입니다.

그럼 그 결과는 무엇입니까? 우리는 모든 생명을 우리 생명처럼 보호합니다. 우리는 모든 생명이 우리 생명처럼 잘 되게 합니다, - 사랑으로 잘 되게 합니다.

자유

자유롭게 느끼는 우리는 안도의 숨을 쉽니다. 우리를 요구하고 힘들게 하는 것을 우리는 우리 뒤에 놀 수 있습니다. 이제 우리는 그것들로부터 자유롭습니다. 우리는 자유 시간을 갖습니다.

우리 맘에 들었지만 전에 시간이 없어서 하지 못 했던 것들을 우리는 이제 할 수 있습니다. 우리는 그것들에게 우리 자유 시간을 사랑으로 줍니다.

마음에서 올 수 있는 모든 것은 자유롭습니다. 우리가 어떻게 하면 자유롭게 됩니까? 진심으로 하면 자유롭게 됩니다. 우리가 진심으로 일하고, 다른 사람들을 이 사랑으로 만나면, 그들도 자유롭게 느낍니다.

기분 좋게 우리를 경험하면, 우리는 자유롭게 느낍니다. 좋은 기분은 하나의 공간을 만듭니다. 이 공간에서 우리는 두려워하지도 다른 사람들과 부딪지도 않고 자유롭게 움직일 수 있습니다. 일이 끝나 집으로 돌아오는 길에 우리는 이 자유를 경험합니다.

정신집중해서 해야 하는 일이 있어도 우리는 자유 시간을 갖습니다. 우리는 쉬면서 차나 커피를 마십니다.

우리 일이 다른 사람들을 서로 연결하여 다른 사람들의 생명이 잘 되게 하는 일이라면, 우리는 자유롭게 느낍니다. 우리가 다른 사람들과 함께 많은 사람들을 도우는 일이라면, 우리는 가장 자유롭게 느낍니다. 이 일은 사랑을 위해 우리를 자유롭게 합니다. 그리하여 우리는 우리 자아로부터도 자유롭게 됩니다.

평온한

평온은 하나의 움직임을 향해 정신 집중돼 있습니다. 하나의 움직임 전의 평온입니다. 평온에서 우리는 우리를 하나의 움직임으로 이끌 뿐 아니라 우리를 계속 가게 하는 힘들을 모읍니다. 이 평온에서 우리는, 움직이지 않고, 움직임을 눈앞에 그립니다. 우리는 평온에서 제시간을 기다립니다. 정신 집중된 시간을 기다립니다.

다른 평온은 목표에 도달한 하나의 움직임 끝에 있습니다. 이 평온은 그 움직임이 지나도록 우리에게 허락합니다. 하나의 움직임이 끝나고, 그 움직임이 끝나도록 두기에, 우리는 다음 움직임을 위해 평온을 만납니다.

평온의 움직임들은 성장 움직임들입니다. 성장 움직임은 생명 및 사랑과 공명에서 움직입니다.

이 의미에서 이뤄진 행복도 평온입니다. 이 행복은 충만대 되돌아봅니다. 그렇게 충만대 있기에, 이뤄진 행복은 오는 행복에 정신 집중합니다. 벌써 알리는, 평온히 미리 알리는, 오는 행복을 서두

르지 않고 기다립니다.

불변하는 모든 것은 평온입니다. 예를 들면 옛집은 평온입니다. 그 집에서 무엇이 일어났던, 그리고 일어나든, 평온입니다. 산이나 들판은 평온입니다. 그걸 보고 있으면, 우리도 평온하게 됩니다. 우리는 우리가 불변하는 것과 연결돼 있음을 압니다. 불변하는 것에서 우리는 평온하게 쉽니다.

새로운 것도 평온입니다. 새로운 것은 자신이 시간을 갖는다는 것을 압니다. 오직 옛것만 불안합니다. 옛것이 제시간을 넘어 있으려면 그렇습니다.

그러기에 제시간에 맞는 이별은 평온입니다. 이별은 제시간에 맞게 눈을 감습니다.

우리도 제시간에 맞게 평온하게 죽습니다. 그러기에 묘지도 평온입니다. 공동묘지에서 다른 무덤들과 함께 평온입니다. 그 어떤 것도 그 평온을 방해해서는 안 됩니다.

죽어 있는 사람들을 우리는 우리 영혼에서도 평온하게 둡니까? 우리가 그들을 평온에 두면, 그들은 얼마 있다 우리를 떠나 자신들의 영원한 평온에 되돌아갑니다. 그들에게 무엇이 발생했던 그리고 우리와 그들 사이에 무엇이 발생했던, 발생한 것은 평온에 옵니다. 자신의 정신 집중된 평온에, 영속하는 평온에, 옵니다.

걱정

다른 사람을 향한 걱정은 그에게 침입해 들어가 그를 평온하게 두지 못 합니다. 걱정은 걱정하는 사람 자신의 삶의 내용이 됩니다. 다른 사람의 생명에 관한 일이어도 그렇게 됩니다. 예를 들면 자녀의 생명에 대한 걱정이 그렇습니다.

다른 사람들이 우리에 대해 걱정을 하면 우리에게 무엇이 일어납니까? 우리는 우리의 삶이 아니라 그들의 삶을 삽니다. 우리는 그들의 삶의 대용품이 됩니다.

다른 사람을 향한 우리의 걱정은 우리 자신의 삶으로부터 우리를 멀게 합니다. 우리 걱정으로 우리는 다른 사람의 생명을 우리 생명으로 만듭니다. 그가 우리의 생명을 받아서는 안 되는데도, 우리는 그에게 우리 생명을 잃습니다.

우리는 우리 자신의 생명에 걱정할 수 있습니다. 걱정하기에 행동합니다. 우리는 우리 생명을 돌봅니다. 이 돌봄이 사랑입니다. 이 사랑은 우리로 하여금 걱정하지 않고 다른 사람을 사랑으로 돌보게 합니다. 이 돌봄은 다른 사람을 자신께 맞게 잘 되게 합니다.

자신의 생명을 위해 자유롭게 합니다.

　걱정과 비슷한 단어는 조심스런 입니다. 우리는 조심스럽게 주의를 합니다. 우리는 어떤 것이나 어떤 사람과 그들이 존재하는 대로 존재하도록 조심스럽게 관계를 맺습니다. 우리는 그것이 존재하는 대로 존재하도록 주의를 갖고 돌봅니다. 예를 들면 귀중한 가보(家寶) 등입니다. 우리는 걱정하지 않고 그것을 미래로 조심스럽게 보존합니다. 우리는 단지 보존할 뿐입니다.

　이와 비슷하게 우리는 사랑에 대해서도 조심스럽게 대합니다. 우리는 사랑에 주의를 갖고 보존합니다. 날마다 새롭게, 영속하게 새롭게 돌봅니다.

짜여진

거미는 우리가 보기에 집을 가장 잘 만듭니다. 아주 잘 만들었기에, 거미줄에 사로잡혀야 사로잡힌 줄 압니다.

누가 거미집을 만듭니까? 거미입니다. 거미는 거미집을 만들어 놓고, 오직 기다리기만 하면 됩니다. 그러면 먹이가 거미줄에 걸려, 거미는 먹고 삽니다.

다른 사람들을 사로잡기 위해 그들도 모르게 그들을 통제하는 사람도 있습니다. 그는 다른 사람들을 지배하여 이익을 얻으려고 잘 짜인 줄을 이용합니다.

음모도 그런 그물입니다. 우리는 그 그물이 잘 짜여 있다고 말합니다.

우리는 생각들도 숙고합니다. 중요한 인식이 걸리도록 숙고합니다. 누군가가 어떤 결과도 없이 생각만 하면, 우리는 그가 돌았다고 말합니다.

어떤 것이 거미줄처럼 짜이면, 감춰져 있어야 합니다. 그러기에 아주 세밀하게 잘 짜여 있어야, 사람들을 사로잡을 수 있습니다.

우리는 어떻게 그런 거미줄에 걸리지 않습니까? 우리는 천천히 그리고 조심스럽게 움직입니다. 보통으로 날다간 그런 거미줄에 사로잡힙니다. 가끔 우리도 그런 거미줄을 잡아당기기 시작합니다. 거미줄에 사로잡힐 염려가 되는 사람께 제때에 경고하여 정신 차리게 하기 위해 거미줄을 잡아당깁니다.

남녀 간의 사랑의 거미줄은 거의 보이지 않게 짜여 있습니다. 둘은 거미줄을 치고 거미줄을 굳게 잡습니다.

우리의 생명도 잘 짜여 있습니다. 얼마나 많은 실들이 생명 안에서 함께 작용하여 우리를 붙잡고 있습니까? 우리가 그 그물로부터 도망갈 수 있습니까? 우리는 도망가려 합니까? 그 그물이 우리를 붙잡지 않고 있다면, 우리는 어디로 떨어지겠습니까?

우리는 그 그물에 동의합니다. 얼마나 많은 줄이 우리를 잡아끄는지 알지 않고 동의합니다. 그리하여 우리는 그 줄들이 우리를 붙잡고 있다는 것을 압니다.

우리도 생명의 줄에서 우리의 줄들을 짭니다. 그 줄들에 붙잡혀서 그리고 다른 사람들을 붙잡으면서 생명줄을 짭니다. 사랑으로 생명에 봉사하면서 생명줄을 짭니다.

나는 넘깁니다

어떤 사람은 자신의 일을 후임자에게 넘기고, 다른 사람은 아 랫사람께 책임을 넘깁니다. 아랫사람은 책임을 넘겨받아 그를 자 유롭게 합니다. 그리하여 그는 다른 일에 더 집중할 수 있습니다.

우리는 우리 자신을 우리를 만나는 운명에게 넘깁니다. 그리고 운명과 공명에서 이제 우리에게 열린 다른 길을 찾아냅니다.

우리는 우리를 영화된 정신의 움직임에 넘깁니다. 이 움직임은 이제까지 각오도 능력도 없었기에 우리가 회피한 행동으로 우리를 데려갑니다. 이 움직임에 데려져 간 우리는 그 움직임의 요구에, 그 움직임이 우리에게 무엇을 요구하든, 우리를 넘깁니다. 우리는 그 움직임에 봉사합니다.

이 의미에서 우리는 우리를 신에게, 이 단어 뒤에 정말 무엇이 우 리에게 숨겨져 있는지 알지 않고, 넘깁니다. 영화된 정신의 움직임 과의 공명에서 우리는 모든 것에게 있는 이 현실에 우리를 넘깁니 다.

어떻게 넘깁니까? 우리는 행동하면서, 깨어, 마지막을 다해, 우리를 그 움직임에 넘깁니다. 곧 우리는 우리를 그 움직임에, 더 큰 어떤 것을 향해, 넘깁니다. 이와 반대되는, 움직임이 끝나게 하는, 빠짐도 있습니다만, 우리는 많은 것을 향해 넘깁니다. 달리는 기차를 뒤에서 바라보지 않고, 그림으로 말하자면, 달리는 기차를 우리는 잡아탑니다.

우리는, 완결된 것도 우리를 물러나게 하는 움직임에 넘깁니다. 그 움직임은, 우리가 그 움직임을 생각하거나 걱정하지 않아도, 계속 가기 때문입니다. 예를 들면 부모는 자녀들을 그들의 길에 맡겨, 자신들의 생명을 위해 자녀들이 100% 책임을 지게 합니다.

결국 우리는 우리 자아도 모든 사람을 함께 하게 하는 움직임에 넘깁니다. 그 움직임은 모두를 구별 없이 같은 목표에 데려가, 거기에서 모두는 모두와 함께 오직 거기 있습니다.

간청

"**구하라**, 그리하면 너희는 얻을 것이라", 라고 성서는 말합니다. 여기에서 간청은 신을 향합니다. 우리는 당연히 신이 우리의 간청을 듣는다고 기대합니다.

"구하라, 그리하면 너희는 얻을 것이라", 는 사람들 사이에서도 통합니다. 무엇보다 남녀 사이에서 그렇습니다. 여기에서 우리는 상대에게 우리에게 중요한 어떤 것을 간청합니다. 우리는 상대를 위한 염려와 돌봄에서 상대에게 간청합니다. 우리의 간청이 저 깊이 마음에서 오면, 둘은 얻는 자가 됩니다. 이 간청은 우리의 사랑에 좋게 작용합니다, 이 간청은 사랑의 움직임이기 때문입니다.

상대가 우리 간청을 이뤄주면, 그는 자신을 위해서도 그 간청을 이룹니다. 무엇보다 그는 받습니다.

돌봄에서 하는 이 간청은 신의 축복입니다. 둘을 향한 신의 축복입니다.

"구하라, 그리하면 너희는 얻을 것이라" 라는 성서의 이 말씀 뒤에는 다음의 비밀이 있을 겁니다. 이 간청은 많은 사람들을 위해 사랑으로 하는 간청입니다. 이 간청은 언제나 이뤄지는 간청입니다. 신의 사랑과 공명에서 하는 간청이기 때문입니다.

성서의 이 말씀은 또 다른 비밀을 갖습니다. 신은 우리에게 간청합니다. 우리가 신에게 사랑에서 간청하길 간청합니다. 우리가 신으로부터 받음으로, 신은 우리에게 자신의 사랑을 기다리는 사랑으로 드러냅니다. 이 기다리는 사랑은 우리가 그 사랑을 받을 것을 기다립니다. 우리가 그 사랑을 받음으로, 우리는 신처럼 사랑합니다.

이 간청과 받음은 교환입니다. 너무나 깊은 교환이기에, 이 교환에서 우리는 신 안에서 신에게 우리를 잃습니다, 그리고 신은 신 안에서 우리에게 잃습니다.

받음

받음으로 생명은 이뤄집니다. 우리가 받음으로 우리 생명은 실행됩니다. 예를 들면 우리가 빛과 열, 음식과 공기 그리고 사랑과 도움 등 많은 것을 받기에, 우리는 삽니다.

우리가 본질적으로 받는 사람들이라는 것이, 우리 일상에서 우리에게 언제나 의식됩니까? 우리에게 이 현실이 의식되면, 우리에게 무엇이 생깁니까?

우리는 고마움으로 평온하게 머뭅니다. 우리의 시선은 표면적인 것을 넘어 무한한 어떤 것으로 갑니다. 그리하여 무한한 어떤 것이 어느 순간에나 우리를 향하고 있다는 것을 우리는 경험합니다. 우리는 이 무한한 것 앞에 경이와 생각 없이 우리의 영혼과 정신을 엽니다. 우리가 받아들이는 모든 것에서 우리는 이 무한한 것과 우리가 하나라는 것을 경험합니다. 모든 것을 향하는 무한한 움직임과 하나라는 것을 경험합니다. 모든 것은 우리와 함께 무한한 것으로부터 모든 것을 받고 있습니다. 받아들이는 사람으로서 우리는 우리와 똑같이 받아들이는 모든 것과 연결돼 있습니다. 그리고 받아들이는 사람으로서 우리는 모든 것과 같습니다.

의식하면서 받아들이는 사람으로서, 우리가 우리의 충만에 있다는 것을 우리는 압니다. 이 받아들임은 계속 갑니다. 어떻게 이게 끝날 수 있겠습니까? 어떻게 이 무한한 것이 끝날 수 있겠습니까? 어떻게 모든 것을 향하는 무한한 향함이 끝날 수 있겠습니까? 모든 것은 무한에서 자신의 근원과 시작을 갖는데 말입니다.

받아들이는 사람으로서 우리는 염려 없이 삽니다. 일상이 우리에게 선물하는 대로 우리는 일상으로 들어가면서 삽니다. 그리고 일상이 우리에게 제공하는 대로 우리는 받습니다. 그리하여 우리는 그 모든 것을 받아들입니다.

우리는 모든 사람으로부터도, 그가 존재하는 대로 받습니다. 그와의 만남에서 무엇이 발생하든, 우리는 그를 바라보고 그를 넘어 우리에게 창조적으로 향하는 힘을 바라봅니다. 그 힘으로부터 우리는 그를 받습니다. 우리와 그 사이에 무엇이 발생하든, 그것은 우리를 그 힘과 연결합니다. 우리가 발생한 것을 그 힘으로부터 받자마자, 고맙게 받자마자, 그것은 우리를 그 힘과 연결합니다.

그렇습니다, 우리는 어려운 것과 소위 나쁜 것도, 곧 우리와 다른 사람들의 죄도 결국 우리의 사랑을 성장케 하는 생명의 움직임으로 받습니다.

우리는 우리의 종말도, 주어진 대로 받습니다. 언제 어떻게 오든, 종말 뒤에 오는 것에 각오가 돼, 고맙게 각오가 돼, 받습니다.

나는 다시 옵니다

나는 어떻게 다시 옵니까? 다르게, 변화돼, 더 이상 같은 것이 아니게 다시 옵니다. 내가 다시 오면, 나는 어떤 것을 가지고 옵니다. : 새로운 경험들, 새로운 통찰들, 새로운 내면의 성장, 다르고 깊은 사랑 등을 가지고 옵니다.

내가 당신을 만나면, 당신은 더 이상 같은 사람이 아닙니다. 당신도 다릅니다. 변화되었습니다. 당신은 나를 더 풍부하게 만납니다. 나는 당신께 있는 새로운 것에 우선 익숙해져야 합니다. : 새로운 것의 요구, 새로운 것의 다른 넓이와 깊이에 익숙해져야 합니다.

내가 다시 오면, 우리는 많은 것에서 새롭게 다시 시작합니다. 우리는 우리를 서로 바라보고, 우리가 어떻게 다르게 되었는가 알아챕니다. 그럼에도 우리는 서로 친밀합니다. 우리가 잠시 동안 이별할 때, 우리가 우리 길에서 계속 갔다가 계속 올 거라는 것을 우리는 이미 알았습니다. 그러기에 우리는 다른 것을 기대하며, 다른 것에 기뻐합니다.

우리의 사랑은 살아 있습니다. 사랑이 계속 가기에 살아 있습니다. 나는 사랑으로 다시 옵니다.

　내가 다시 돌아오면, 뜻밖의 것들이 나와 당신을 기다립니다. 나는 당신께 어떤 것을 가져오고, 당신은 나를 환영할 어떤 것을 준비했습니다.

　이렇게 다시 오는 사람은 고향에 옵니다. 그는 다시 오기 위해 갑니다.

　모든 결정적인 감은 다시 옴으로 끝납니다. 다시 옴에서 감은 완성됩니다. 다시 옴에서 순환은 닫힙니다.

　저 깊이에서 무엇이 우리를 만날지 우리는 모릅니다. 우리가 어디에서 왔는지, 그리고 다른 데로, 고향에, 가기 위해 우리가 어디로 가는지, 우리는 모릅니다. 여기 가고 옴에서, 우리는 이 결정적인 고향에 감을 준비합니다. 어떻게 준비합니까? 여기나 저기에서 사랑으로 준비합니다.

가장 좋은 것

우리는 여러 차원에서 가장 좋은 것을 갖습니다. 육체적인 면에서 가장 좋은 것은 건강입니다. 그럼 우리는 말합니다. : "나는 최적의 상태다." 기쁘면 우리는 말합니다. : "나는 가장 기분이 좋다." 이 가장 좋은 것은 우리 얼굴에 나타나, 우리 눈은 빛납니다.

여기에서 "가장 좋은 것" 이란 이 이상 더 좋을 수 없다는 말입니다. 이 의미에서 우리는 다른 사람들에 대해 말하기도 합니다. : 옷을 가장 잘 입었네. 가장 환경이 좋은 동네에 사네. 아주 부자네. 제일 좋은 자동차를 타네. 가장 좋은 직업을 가졌네. 아주 잘 생겼네.

누가 그런 말을 합니까? 가장 좋은 것을 다른 것과 비교하여 부러워하는 사람들입니다. 그들과 비교하여 그들처럼 갖거나 달성하려합니다. 혹, 가장 좋은 것을 가질 능력이 없거나 가지려고 하지 않으면서, 다른 사람을 시샘하기도 합니다. 이유가 어떠하든 시샘하기도 합니다.

가장 좋은 것은 시합에서 나타납니다. 예를 들면 운동 시합입니다. 오직 한 팀만 승자로 결정됩니다. 오직 한 팀만 승자가 돼, 다른 팀은 준우승이나 3등을 차지합니다.

단체경기에서, 예를 들면 축구 월드컵에서는 오직 한 팀만이 우승합니다. 그럼 기이하게도 한 나라가 승자라고 여깁니다. "우린 이겼다."라고 온 국민이 말합니다.

여기에서 다른 어떤 것이 나타납니다. 스스로 최고가 아니면서, 스스로 최고라고 여깁니다. 개인이 최고가 아니라 여기에서는 그룹이 최고입니다.

그룹들 사이에서 최고라는 경쟁이 있습니다. 이 경쟁은 능력과 관계없습니다. 단지 그룹 구성원의 그룹을 향한 충성심과 관계가 있습니다. 예를 들면 우리는 우리가 태어난 가족을 내면의 느낌에서 최고라고 여깁니다. 또한 우리는 우리나라나 종교, 우리의 세계관이나 우리의 정치적인 제도 등을 최고라고 여기기도 합니다. 여기에서도 내면의 상상뿐 아니라 외적인 상황에서, 예를 들면 전쟁에서, 한 쪽은 승자로 좋아하고, 다른 쪽은 패자로 굴복합니다.

최고란 목록은 끝없이 나열될 수 있습니다. 그렇게 최고란 상상은 우리의 일상과 삶을 아주 깊이 지배합니다. 직업에서는 최고의 직업을 얻기 위한 방법과 목표에서도 최고가 있습니다.

어떤 것이 최고란 상상과 최고이려는 또는 최고가 되려는 갈망은 몇 개인이나 그룹에만 허용되는 빛나는 면이 있지만, 다른 극단적인 면은 살인적인 것입니다. 예를 들면 개인이나 또는 한 민족이 신으로부터 선택받았다고 여길 때입니다. 앞서는 개인적인 능력 없이 오직 신의 부름만을 내세울 때입니다.

이 상상이 얼마나 많은 고통을 개인이나 그 그룹에게 그리고 그 그룹을 통해 다른 그룹들에게 가져왔습니까? 그리고 선민에의 요구에 상응하기 위해 얼마나 많은 고통을 그 추종자들은 생명에 적대하는 습관을 통해 감수했습니까?

"최고" 란 단어가 갖는 이 어두운 면을 극복하기 위해, 무엇이 더 좋은 상상이겠습니까? 무엇이 더 좋은 더 나아가 최고의 단어이겠습니까? 이렇게 함으로 제가 경쟁에 저를 내세운다는 것을 저는 당연히 압니다. 물론 개인적이 아닙니다. 저는 제 말이 모두를 자유롭게 하는 말, 연결하는 말, 사랑의 말이란 것을 알면서, 말합니다.

이 말은 '좋다' 입니다.

좋은

모든 것은 존재하는 대로 좋습니다. 왜 그렇습니까? 모든 것은, 모든 것을 한 목표로 데려가는 하나의 움직임으로 데려져가기 때문입니다. 어떤 힘은 모든 것이 존재하는 대로 모든 것을 생각하며 원하는 목표를 갖습니다. 그러기에 이 좋음은 이미 거기 있으며 또한 옴에도 있습니다.

우리가 우리를 바라보면, 계속 이끄는 하나의 움직임에 우리가 있다는 것을 우리는 경험합니다. 이 움직임에서 아마도 우리와 다른 사람들에게 해가 되는, 나쁜, 잠정적인, 어떤 것을 우리는 우리 뒤로 놓습니다. 그럼에도 그 움직임은 옛것을 극복하여 좋은 것으로, 새로운 어떤 것으로, 이끄는 움직임의 일부입니다. 옛 것이나 옛 잘못이 없이, 옛 손해나 옛 죄가 없이 지금의 좋은 것은 있을 수 없습니다.

전체 움직임은 좋습니다. 만약 우리가 전체 움직임에게 눈을 떼지 않는다면, 어떤 것도 좋다고 우리는 인식합니다. 우리가 그 움직임의 한 부분에게만 — 우리 생애나 큰 역사적인 움직임들에게 - 눈을 맞춘다면, 우리는 어떤 것이 나쁘다고 또는 파멸이라고 볼 수

밖에 없습니다.

계속 가며 지난 것을 자신께 흡수하는 동시에 지난 것에 자신을 세우는 전체 움직임에서 본다면, 모든 것은 좋습니다. 모든 것은 자신에게 옳은 자리를 차지하고 있으며, 전체를 위해 의미가 있고 좋습니다.

그런데, 왜 우리는 어떤 것이 나쁘다거나 싫다고 합니까? 또는 그 어떤 것에 좋은 것이 있을 수 없다고 합니까?

우리가 그것을 제한된 어떤 것에 맞춰 평가하기 때문입니다. 우리 개인적인 존재라든가, 기분에 근거해서 평가하기 때문입니다.

전체로 본다면, 모든 것은 좋습니다. 각 개인의 운명이나 모든 사람은 좋습니다. 모든 것은 자신의 움직임을, 모든 것이 움직이는 대로 모든 것을 움직이는 영적인 힘에 의해 갖습니다. 이 힘에게는 이 순간 각자에게 무엇이 발생하든 모든 것이 좋습니다. 모든 것이 각자에게 이 순간 무엇을 요구하든 그리하여 봉사하게 하든 좋습니다.

누군가가 어떤 분야에서 최고였다면, 그가 언제나 최고로 있을 수 있습니까? 최고나 최악도, 승리나 패배도, 이익이나 손실도, 명예뿐 아니라 치욕도 지납니다. 결국 모든 게 같습니다.

어떻게 같습니까? 모두와 모든 것은 모두와 모든 것을 하나의 목표로 함께 데리고 가는 사랑의 움직임으로 갑니다. 어떻게? 모두 좋게, 모든 면에서 좋게 갑니다.

같은

같다는 말은 아무런 구별을 하지 않는다는 것입니다. 우리에게 둘 다 우리가 원하는 것으로 나타날 때, 예를 들면 둘 중 어느 케이크를 선택해야 할 때, 우리는 말합니다. : "둘 다 내겐 같습니다." 그럼에도 우리는 하나를 선택하고, 다른 것은 그대로 둡니다. 둘 다 좋게 보이지만, 우리는 둘을 동시에 먹을 수 없습니다.

같은 것에도 개인적인 차이는 있습니다. 그렇지 않다면 둘은 동일할 겁니다. 같은 것은 다른 것에 대한 우리의 견해와 관계가 있습니다. 무엇보다 사람들에 대한 우리의 견해와 관계가 있습니다. 우리는 사람들이 다를지라도 그들을 같게 존중합니다.

같은 것은 다른 것이 다르게 있어도 다른 것을 연결합니다. 같은 것은, 다른 것이 자리싸움을 하지 않고 곁에 서로 자리를 잡게 허락합니다.

자신들의 자리를 차지하는 권리를 인정하는 존중이, 그들에게 공동인 것과 그들을 함께 잘 되게 하는 것에서, 다른 것을 연결합니다.

어디에서 이 존중이 시작합니까? 존중은, 우리가 우리를 다른 사람들 곁에 그들과 본질적인 것에서 같다고 세울 때, 우리에게서 시작합니다. 무엇보다 같은 근원, 같은 태생 그리고 같은 종말과 목표에서 우리는 같습니다.

여기에서 우월감과 모든 좋고 나쁨은 끝납니다. 여기에서 존재하는 대로 모든 사람을 사랑하는 인간사랑은 시작합니다. 그들이 매 순간 그들과 우리의 목표를 향해 어느 지점에 있든지, 그들인 그대로 사랑하는 인간사랑은 시작합니다.

여기에서 분리하는 자아는 끝나고, 모두를 같게 우리가 시작합니다.

명확한

분명한 것은 잘 보입니다. 어떤 것도 흐리게 하지 못 합니다. 이렇게 정확하게 내가 알아챌 수 있게 허락하는 분명한 시야를 나는 얻습니다.

내가 명확하게 알아챈 것은, 분명하게 기억하여, 모두가 분명하게 이해하도록, 말로 명확하게 표현할 수 있습니다.

내가 어떤 것을 명확하게 전달하면, 나는 상대를 분명하게 봅니다. 그리하여 그가 내 말을 알아채는가 압니다. 오직 이렇게 만이 나는 내가 명확하게 알아챈 것을 다른 사람이 명확하게 알아채도록 표현할 수 있습니다. 그렇게 우리는 명확하게 서로 이해하여, 분명한 관계가 성립됩니다.

여기에서는 외적으로 분명히 알아차림에 관한 것입니다. 여기에서는 오해할 소지가 적습니다. 우리가 쉽게 검사할 수 있기 때문입니다. 우리는 단지 명확하게 자세히 보고 자세히 들으면 됩니다. 우리가 다른 감각들도 함께 하면 더 분명해집니다.

느낌들이 함께 하면 다릅니다. 예를 들면 상황이 위협적으로 나타날 때입니다. 공포는 제대로 알아차리지 못하게 합니다. 말하지 못하는 소원들, 아주 강렬한 욕망이나 희망, 무엇보다 거절이나 사랑은 제대로 알아차리지 못하게 합니다.

사랑은 눈이 멀게 한다고 우리는 말합니다. 환상이나, 강한 믿음, 가망이 없는 기대도 마찬가지입니다. 이런 상황에서 분명하게 이성을 갖는다는 것은 많은 사람에게 어렵습니다.

여기에서는 분명한 상을 만들어야 합니다. 그리하여 분명하게 생각하고 분명한 통찰을 얻어 분명한 걸음을 내딛습니다. 그들의 도움으로 우리는 분명한 행동을 못하게 하는 경계를 넘습니다.

여기에서 명확은 정신 집중된 명확입니다. 우리가 정신 차려 명확에 우리를 세우고 나아가면, 명확은 우리에게 옵니다. 명확은 우리를 명확한 행동으로 이끌어, 행동에서 명확은 자신을 드러냅니다. 명확은 그리하여 우리로부터 용기와 힘을 요구하는 는 능력입니다. 이 명확이 자신을 관철하기 때문입니다.

이 명확은 순수합니다. 이 명확은 향하며 기분 좋게 합니다. 어떤 것을 빛나게 합니다. 명확과 함께 우리에게서 빛이 켜집니다.

명확의 빛은 밝고 따뜻합니다. 이 빛은 이제까지 감춰진 것을 낮의 밝음과 연결합니다. 이 빛으로 어둠은 걷힙니다.

이 명확은 기쁘게 합니다. 이 명확은 사랑이기 때문입니다 ─ 순수한 사랑이기 때문입니다.

흐린

밝은 것이 흐려지면, 우리는 보지 못합니다. 예를 들면 유리창이 그렇습니다. 흐림은 밝음과 우리를 격리합니다.

가끔 우리의 생각들과 생각들에 따라 우리 기분도 어둡습니다. 우리는 어떤 사람이 우울함에 빠져 있다고 말합니다. 곧 그는 우울을 다른 사람에게도 전파합니다. 우리는 또한 어두운 전망, 앞이 보이지 않는 희망, 절망의 삶이라고 말합니다.

빛이 밖에 있어야만, 어떤 것은 흐리게 됩니다. 빛이 없다면 , 흐림도 없습니다. 흐린 것은 밝은 어떤 것과 함께 알아챌 수 있습니다.

어둠은 어둠의 반대를 또한 알아채는 하나의 보는 방법입니다. 이 방법이 우리를 밝게 또는 어둡게 보려느냐 선택을 하게 합니다. 밝음은 뒤로 밀리고 어두운 것은 우리에 의해 선택됩니다.

우리는 또한 관찰할 수 있습니다. 밝은 것은 능동적이고 움직임에 있기에 계속 가지만, 어둠은 수동적이어서 멈춰 있습니다. 밝음은 행동하지만, 어둠은 방해합니다.

우리는 어떻게 우리의 어둠과 좋게 지냅니까? 우리는 우리의 어둠을 닦아냅니다. 밝음이 비칠 때까지 우리의 어둠을 닦아내, 우리는 밝음에 의해 다시 밝게 됩니다. : 우리의 생각들과 우리 내면의 상들에서 또한 우리의 눈들에서 밝게 됩니다. 그리고 우리의 행동하는 힘과 우리의 용기를 통해 밝게 됩니다.

무엇보다 새로운 것은 밝습니다. 오직 옛것만 흐립니다. 예를 들면 단념된 희망입니다.

얼마나 많은 사람들이 언제나 다시 우리를 기분 좋게 바라봅니까? 우리에게 기뻐한다고 그들은 우리에게 나타납니다. 그들의 밝음이 우리 마음에 닿습니까? 혹 우리 눈 위의 베일이 그들의 밝음을 가리지는 않습니까?

이 베일을 걷는 방법 중 하나는, 우리 눈을 그들을 향해 밝고 기분 좋게 향하게 하는 것입니다. 그럼 우리의 어둠은 우리뿐만 아니라 다른 많은 사람들을 위해 밝게 됩니다.

밝음은 우리에게 무엇보다 다시 사랑이 됩니다.

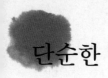

단순한

단순하다는 것은 쉽다는 것입니다. 특별한 지식이나 능력이 필요 없습니다. 특별히 수고할 필요도 없습니다. 누구나 다 저절로 되는 것처럼 할 수 있습니다.

이 의미에서 기본적인 생명의 실행은 단순합니다. 예를 들면 숨쉬기, 먹기, 마시기, 편하게 하기 그리고 생명을 넘겨주게 이끄는 모든 것입니다. 누구나 다 연습하지 않고 할 수 있습니다.

이 생명 실행과 함께 오는 기쁨도 단순합니다. 그리고 사람들을 함께 하게 하는 것도 단순합니다. 예를 들면 함께 노래하고 춤추기, 교환하기, 돌보기, 함께 서로 거기 있기, 생을 즐기기 그리고 사랑입니다.

어떤 것이 잘되는 신뢰도 단순합니다. 열림과 행복도 단순합니다.

우리가 단순한 것보다 많이 원하면 무겁게 됩니다. 예를 들면 위대한 성공 그리고 다른 사람들이 갖고 있는 것보다 더 많음은 무겁게 됩니다. 경쟁이 있는 곳도 마찬가지입니다. 당연히 경쟁도 생명에 속합니다만, 경쟁에서는 단순한 것이 자주 자리하지 못합니다.

여기에서 제게 무엇이 문제입니까? 단순한 것에 가까이 우리가 있으려는 것입니다. 상황이 허락하는 한 정말 필요한 것과 단순한 것에 돌아가려는 것입니다.

어떤 일을 명확하게 하는 본질적인 생각들은 단순합니다. 그리고 그 생각들을 말하는 언어는 단순합니다. 여기에서 직접 생명에 봉사하는 모든 것은 단순합니다. : 단순한 안내, 단순한 조작, 단순한 켜기와 끄기 등입니다.

단순한 것에서 우리는 기분 좋아 합니다. 단순한 사람과 그의 단순한 위대함에 우리는 기분 좋아 합니다.

순수한 모든 것은 단순합니다. 예를 들면 순수한 의도와 순수한 사랑은 언제나 단순합니다.

4장

두 줄에서
하나의 소리를 내는
바이올린 연주자처럼.

너와 나를 스치는
모든 것은,
우리를 함께 데려가는 구나,

준비하는

우리는, 우리를 기다리며 우리에게 오는 다음의 것에 준비합니다. 우리는 준비하면서 앞을 바라봅니다.

준비하며 우리는 깨어 있습니다. 우리는 잠긴 문 앞에서 때가 되기를 기다립니다.

문이 열리면 우리는 밀고 들어가, 우리를 기다리는 것에 기뻐합니다. 장막이 걷히고 연극이 시작할 때까지 이미 눈과 귀로 기뻐합니다.

연극이 끝난 후 우리를 기다리는 것에도 우리는 준비합니다. 예를 들면 생명의 놀이가 끝난 후 죽음을 준비합니다.

여기에서는 문에 서서 기다리다 밀고 들어가는 것보다, 우리는 누군가가 우리 손을 붙잡아 우리가 알 수 없는 영역을 넘어 다른 나라로 데려가길 기다립니다.

여기에서는 우리가 준비하든 안 하든 상관없이 우리는 데려 가집니다. 이 준비는 마지막 준비입니다.

이 준비는 우리가 의식하지 못하지만 언제나 거기 있습니다. 이 준비는 다른 준비에 경계를 세웁니다.

다른 모든 것에 우리는 준비합니다, 잠정적으로 준비합니다. 휩쓸리지 않고 우리는 정신 집중하여 준비합니다.

거기에 있으면서 이미 다른 데에 있으며 준비합니다. 우리는 자유롭게 준비합니다.

지금 거기 너머 이미 다른 데에 있으면서 준비합니다. 우리는 평온하게 거기 있습니다. 곧 우리는 받으면서 동시에 놓습니다.

같은 방법으로 우리는 사랑에 다르게 준비합니다. 사랑이 폭풍처럼 올지라도, 우리는 평온하게 사랑에 준비합니다. 그리고 우리는 지금 행복에 다르게 준비합니다.

또한 우리는 손실에 다르게 준비합니다. 우리는 손실이 지나게 합니다. 우리의 마지막 놓음을 예감하는 것처럼 잠정적으로 지나게 합니다.

그렇게 준비하기에, 지금의 것은 다르게 우리에게 귀합니다. 지금의 것은 석양노을에 빛납니다. 석양노을은 덧없지만 아직 거기 있습니다.

　이렇게 다르게 우리에게 사랑도 귀하게 됩니다. 아주 깊게 순수
하게 됩니다.

나눠진

우리가 어떤 것을 나누면, 그것은 한 사람에게는 적어지지만, 두 사람에게는 더 많아집니다. 둘은 나눠진 부분으로 어떤 것을 하여, 그 부분들이 나중에 만나게 합니다. 마치 그것이 나눠지지 않은 것처럼, 둘에게 그것은 전보다 더 많게 됩니다. 나누면 더 많아집니다.

부부간에 그렇게 된다는 것은 분명합니다. 다른 곳에서도 그렇습니다. 여러 사람들이 함께 하여, 자신들이 갖고 있는 것을 서로 나누면, 결국 혼자 하는 것보다 더 많이 얻습니다.

이 의미에서 모든 생명은 다른 생명과 나눕니다. 생명은, 우리가 나누기에, 우리와 다른 사람들에게 더 많이 됩니다.

나눠지지 않으면 어떤 생명체도 살아남지 못합니다. 우리 안에서 어떤 것이 쉬지 않고 나눠지기에, 우리는 사람이 됩니다. 우리는 나눠짐으로 성장했습니다. 수정된 세포에서 태아로, 태아에서 살 수 있는 사람으로 성장했습니다.

우리 안에서 쉬지 않고 어떤 것이 나눠짐으로 새로워지기에, 어른이 된 우리는 살아 있습니다. 우리는 나눠짐으로 생존합니다.

나눠짐의 영적인 방법은 알림입니다. 우리는 앎을 다른 사람들과 나눕니다. 경험과 통찰도 나눕니다. 우리는 그들과 우리의 기쁨과 행복 그리고 자주 우리의 슬픔과 손실도 나눕니다.

우리가 이 방법으로 나누는 것은 적어지기도 합니다. 예를 들면 한 편에서는 손실 때문에 생긴 아픔입니다만, 다른 편에서는 어떤 것이 더 많아집니다. 우리는 더 인간적으로, 더 사랑스럽게, 더 풍부하게 그리고 더 깊어지게 됩니다.

우리를 우리의 근원뿐 아니라 다른 많은 사람들과 하나로, 충만댄 하나로, 만드는 우리의 본질은 나눠지지 않고 있습니다.

유쾌(愉快)한

유쾌하면 우리에게는 걱정이 없습니다. 유쾌하게 우리는 앞을 바라봅니다. 기대에 차 염려 없이 바라봅니다. 우리는 모든 것을 가볍게 등에 지고, 도상에 있습니다.

유쾌하게 우리는 우리 앞에 있는 가까운 것에 있습니다. 가까운 것 뒤에 오는 어떤 것에 지금 벌써 생각하지 않고 가까운 것에 있습니다. 즐겁게 우리는 하루하루를 삽니다. 우리의 생각들과 시선들이 지나게 하여, 쉬지 않고 새로운 것을 발견합니다. : 아이처럼 즐겁게, 모든 순간 다른 어떤 것에 이끌려 새로운 것을 발견합니다. 우리가 아이처럼 느끼면 우리는 무엇보다 즐거워합니다.

우리는 자연에서 즐거워합니다. 자연과 함께 숨을 쉬고, 자연 안에서 활기에 차, 자연에 우리를 잃습니다.

우리는 가장 깊이 즐겁게 다른 많은 사람들과 도상(途上)에 있습니다. 즐겁게 노래하며 춤추고, 산책하다, 집으로 즐겁게 돌아옵니다.

유쾌한 사람들과 함께 하면, 우리는 활기에 차, 많은 것을 잊고 가볍게 돼, 많은 것 위에 떠서, 다시 태어난 것처럼 느낍니다. 그리하여 우리는 오는 바로 다음 것에 호기심을 갖습니다.

유쾌하게 우리는 다른 사람들을 날마다 더 즐거운 날로 이끕니다. 그리고 밤에는 더 없이 행복하고 평온히 잠듭니다.

우리는 즐겁게 신 앞에서도 있습니다. 누군가가 우리를 신을 두렵게 만들기 전의 사랑스런 신 앞에서 즐겁게 있습니다. 신이 우리 인간들 사이에서 거닐던 천당에서 우리를 추방하기 전의 신 앞에서 우리는 즐겁게 있습니다.

우리는 즐겁게 신의 천당으로 되돌아갑니다. 마침내 다시 집으로 가는 아이처럼 즐겁게 집으로 되돌아갑니다.

기울은

기울은 것은 바른 것에서 벗어납니다. 그것은 위에서 아래로
어떤 것에게 기울 웁니다.

우리는 우리 윗사람에게 고개를 숙입니다. 예를 들면 부모입니
다. 우리는 신 앞에서도 고개를 숙입니다.

반대로 다른 사람들도 우리에게 고개를 숙입니다. 그렇게 그들
은 우리에게 존경을 보입니다. 그들은 우리에게 높은 데서 낮은 데
로 웁니다.

우리가 어떤 일에 호의를 가져 관계를 맺게 돼, 그 일에 열중하여
우리의 어떤 것을 그 일에 흐르게 하면, 그로부터 어떤 것을 우리
는 받습니다. 그렇게 우리는 어떤 일에 향해 있습니다.

이렇게 기울어져 향하는 것은 자신의 자리를 갖습니다. 그것은
다시 제대로 서서, 자신의 높이로 돌아오기 때문입니다: 나긋나긋
하게, 유연하게, 풀어져, 더 저항력 있게, 폭풍 후의 갈대처럼 돌아
웁니다. 그러기에 기울어질 수 없는 것은 쉽게 부러집니다.

'기울은'은 것은 더 강한 어떤 것에 굴복합니다. 강한 것에 공명으로 굴복하여 그것과 공명으로 다시 곧바로 섭니다.

이렇게 우리는 새로운 것에 굴복합니다. 새로운 것이 요란하게 돌진하면, 미래를 갖는 젊은 것에 우리는 굴복합니다.

순응하는 모든 것은 기울 웁니다. 그렇게 모든 것은 자신의 자리를 보존하며 계속 발전합니다.

사랑도 기울 웁니다. 사랑은 향하면서 고개 숙입니다. 사랑은 그렇게 자신의 자리를 확고하게 잡아, 기울 우며 신뢰할 수 있게 자리합니다.

계속 가는 생명도 그렇게 있습니다. 기울 우며, 많은 것에게 향하여 있습니다만, 그럼에도 확고하게 서 있습니다. : 위뿐 아니라 아래와도 움직임에서 연결돼 서 있습니다.

건강한

건강하다는 말은 어떤 것이 잘 돌아, 번성한다는 것입니다. 우선 우리 몸입니다. 몸의 모든 기관이 자신의 기능을 제대로 발휘하면, 우리 몸의 모든 것이 함께 잘 작용합니다. 그리하여 우리는 기분 좋아하고, 생기 있고 깨어 있으며, 생명에 기뻐합니다. 그럼 우리는 아주 건강합니다. 우리 안의 모든 것은, 그래야 하는 대로, 계획대로 잘 흐릅니다. 그리고 우리에겐 더 이상 아무것도 빠진 게 없습니다.

또한 성장이 잘됨, 좋은 관계들, 좋은 전망, 기능을 잘 발휘하는 조직 등이 건강하다고 말합니다.

기본적으로 생명에, 많은 생명에, 봉사하는 모든 것은 건강합니다.

우리는 건강한 상식, 건강한 본능, 건강한 관계, 건강한 아이들, 건강에 좋은 환경, 좋은 공기와 건강에 좋은 음식, 건강한 생활방식이라고 말하기도 합니다.

건강의 반대는 병입니다. 보통 우리는 어떤 것이 약하다고 말합니다. 더 이상 활기가 없어, 점점 더 많아지지 않고 더 적어집니다.

여기에서도 우리는 우선 우리 몸과 관계에서 말합니다. 더 나아가 생명에 봉사해야 하는데, 그렇지 못하는 다른 관계들에 대해서도 말합니다. 예를 들면 약한 통화와 경제, 나쁜 전망, 나쁜 공기, 건강에 해로운 환경이나 기능을 제대로 발휘하지 못하는 조직과 어렵고 힘든 관계 등입니다.

질병이 우리를 제한하고 고통을 주기에, 질병은 질병을 건강하게 하는 힘들을 동원합니다. 힘들은 우리를 다시 건강하게 합니다. 모든 면에서 건강은 최고의 선이기 때문입니다. 건강이 생명이기 때문입니다.

그러기 위해 질병은 우선 영화된 정신의 태도가 필요합니다. 건강은 영화된 정신 과정입니다. 그리고 그 태도는 영화된 정신 능력입니다. 무엇보다 영화된 정신 능력이 우리를 건강하게 하는 힘들을 동원하기 때문입니다.

무엇보다 무엇이 우리를 건강하게 합니까? 생명에의 기쁨입니다. 이 기쁨은 다른 것의 영향을 받지 않고 스스로 움직입니다. 어떤 것을 행하며 앞을 바라봅니다. 더 적게 가 아니라 더 많게는 원합니다. 기쁨은 상승하여 힘에 가득치, 단호합니다.

기쁨은 결정적으로 우리를 건강하게 하며 건강을 지켜주는 영화된 정신의 태도입니다. 기쁨이 또한 희망을 주고 가져 오기에, 다른 사람들도 함께 하게 하여 그들도 건강하게 합니다.

　이 기쁨은 생명에의, 충족된 생명에의, 사랑입니다. 기쁨은 활기가 있기에, 우리를 활기 있게 합니다. 기쁨은 우리를 생명의 근원과 사랑으로 연결합니다. 그리고 기쁨은 사랑에, 건강한 사랑에 영속합니다. 건강하게 영속합니다.

놓는

'**놓는**'다는 것은 가게 한다는 것입니다. 또한 둔다는 것입니다. 우리는, 가려고 하는 어떤 것이 가서 거기 있게 합니다. 우리가 그렇게 놓기에 우리는 그로부터 자유롭습니다. 잘못하면 우리가 다치기에, 우리는 그로부터 손을 땝니다.

끝나기 전에 우리가 어떤 것을 놓으면, 다릅니다. 예를 들면, 책임이나 일, 이익이나 성공 등입니다. 어떤 것이 이뤄지기 전에 우리는 포기합니다. 이 놓음은 진짜가 아니기에, 우리는 우리와 다른 사람들을 속입니다. 그 어떤 것은 우리에게 속하기에, 완전히 지나기까지, 그것은 우리에게 있습니다.

그럼, 우리는 무엇을 해야 하며, 무엇을 합니까? 그것이 이뤄져, 그것이 우리를 포기할 때까지, 우리는 그것을 완성합니다. 예를 들면 자녀 양육, 환자 간호 그리고 일을 끝냅니다.

우리는 어떤 것이 옳고 그르다는 내면의 많은 상들을 놓을 수 있습니다. 그릇된 추측뿐 아니라 우리 생명에 대한 공포도 놓을 수 있습니다. 우리는 소용없는 걱정도 놓을 수 있습니다.

우리는 또한 사랑도 놓을 수 있습니다: 눈 먼 사랑, 한계를 넘는 사랑, 다른 사람을 종속시켜 우리에게 매이게 하려는 사랑을 우리는 놓을 수 있습니다.

다른 사람을 끌리는 대로 가게 하는 사랑은 다릅니다. 그들에게 맞게 그들이 존재하도록 하는 사랑은 다릅니다. 우리가 그들을 가게 해도 그 사랑은 영속합니다. 이 사랑은 순수하기에, 영속합니다.

이 순수한 사랑은 자신의 많은 계획들을 놓게 합니다. 이 사랑은 순간과 관계합니다. 정말 거기 있어 가능한 것과만 관계합니다. 순수한 사랑은 순간에서 순간으로 삽니다. 과거도 미래도 없이 삽니다. 순수한 사랑은 순간에 온전히 향하고 있습니다. 그리고 이 사랑은 기다릴 필요가 없습니다. 이 순수한 사랑으로 우리는 다른 사람들에게, 다른 사람들은 우리에게 도달합니다. 우리는 우리에게 함께 도달합니다. 평온하게 우리에게, 놓음에서 거기, 사랑으로 거기 도달합니다.

받아들여진

"**내가** 주었는데, 너는 그것을 받았니?" 너는 말했다: "예, 예." 그러나 너는 그것을 옆으로 제쳐 놓았다, 그렇게 너는 내게 말한다. : "아닙니다, 아녜요."

그렇게 우리는 가끔 우리 부모에게 "예, 예." 했습니다. 우리가 정말 받았습니까? 우리는 생명에게도 그렇게 "예, 예." 말하고, 아무렇게나 삽니다. 그리하여 "아니요." 라고 생명에게 말합니다.

우리가 정말 생명을 받아들인다면, 우리는 생명을 생명 그대로 사랑합니다. 그래야만 생명은 우리에게 자신의 감춰진 아름다움과 위대함을 계시합니다. 우리가 생명을 받은 상황이 어떠하고, 또한 우리가 살아야 하거나 살아도 되는 상황이 어떠하든, 생명은 아름다움과 위대함을 계시합니다.

생명과 함께 우리는 생명을 생기게 하여, 성장시켜, 번성케 하는 사랑을 받아들입니다. 그리하여 우리는 그와 같은 사랑으로 생명을 사랑합니다. 오직 우리에게 이렇게 받아들여져야만, 우리는 생명을 온전하게 갖습니다.

134 순수 이야기

우리가 생명의 어떤 것만 받아들일 수 있습니까? 어려운 것 없이 달콤한 것만 받아들일 수 있습니까? 변화와 성장 없이 시작만 받아들일 수 있습니까? 생명을 넘겨주어 새로운 생명에 봉사하지 않고 생명을 받아들일 수 있습니까?

생명은 더 많이 원합니다. 날마다 더 많이 원합니다. 우리는 생명을 날마다 더 많이 받아들입니다. 사랑으로 더 많이 받아들입니다. 조심스럽게 더 많이 받아들입니다. 이렇게 우리가 받아들임으로, 우리는 날마다 더 많이 생명을 갖습니다.

충만한 생명은 충만하게 받아들인 생명입니다. 충만한 사랑은 충만하게 받아들인 사랑입니다. 충만한 행복은 충만하게 받아들인 행복입니다.

우리가 생명을 받아들임으로, 쉬지 않고 받아들임으로 우리는 삽니다. 우리가 생명을 의식하면서, 고맙게, 행복하고, 온전하게 받아들임으로, 우리는 충만하게 삽니다.

이렇게 우리에게 받아들여져, 생명은 우리에게 풍부하게, 넘쳐흐르도록 풍부하게, 됩니다. 더 나아가 많은 다른 사람에게도 풍부하게 됩니다.

이렇게 우리도 다른 사람들에게 받아들여집니다, 사랑으로 받아들여집니다. 우리는 주는 동시에 받습니다. 생명의 충만을 많은 사람들과 함께 주는 동시에 받습니다. 행복하게 그들과 함께 주는 동시에 받습니다. 우리는 모든 것을 그들과 함께 주는 동시에 받습니다.

늦게

나중의 것 앞에 어떤 것은 옵니다. 그러기에 우리는 나중의 것이 오길 기다립니다. 나중의 것 앞에 있는 것은 나중의 것을 향해 그것에 도달할 때까지 움직입니다. 나중의 것은 자신의 시간이 올 때까지 기다립니다.

우리가 늦게 오면 다릅니다. 어떤 것이 우리를 기다리지 않았습니다. 우리가 늦어, 우리는 연결을 놓쳤습니다.

언제나 거기 있는 것은 결코 늦게 오지 않습니다. 예를 들면 우리가 갖고 있는 대로의 생명입니다. 물론 생명에서도 많은 것이 나중에 옵니다. 예를 들면 어린 시절이 지나야 청소년 시절, 오랜 준비 후에 직업, 수태 후 아이의 출생, 그리고 마지막으로 노년이 옵니다. 결코 늦게 오지 않습니다, 제시간에 맞게 옵니다.

결정적인 통찰이 늦게 오기도 합니다만, 그만큼 더 깊고 분명하게 옵니다.

가끔 사랑과 고마움도 늦게 옵니다. 예를 들면 우리 부모를 향한 고마움도 늦게 옵니다. 늦은 만큼 더 자유롭게 우리는 감사를 경험합니다.

많은 분야에서의 완성도 자주 늦게 옵니다. 그럼 더 강렬하게 옵니다. 우리의 모든 것을 강요하는 사업의 완성 등입니다. 결국 우리의 수고를 보상하는, 용기를 필요로 하는, 일도 있습니다.

우리가 중지해야 하는 시간도 나중에 옵니다. 우리에게 힘과 많은 것이 더 이상 없기 때문입니다. 늦은 저녁 시간입니다. 석양이 지난 밤 시간입니다.

이 시간은 나중의 것이 완성되는 이행(移行)의 시작입니다. 이 나중의 것은 다시 처음부터 시작하는 원 운동의 종점입니다. 그러나 다르게 시작합니다, 시간 너머에서 시작합니다. 영원한 시작과 영원한 아침으로, 여기에서 시작과 끝은 사랑에서 하나입니다.

위험한

어떤 것이 우리에게 위험하게 되면, 우리가 어디로 움직여야 하는지, 우리는 결정해야 합니다. 그래야 우리는 다시 무사하게 나옵니다. 우리가 위기에 처했기에, 우리는 나아갈 길을 찾아야 합니다.

영적인 정신에게도 위기가 있습니다. 일반적인 생각들은 더 이상 통하지 않습니다. 막다른 길에서 새롭고 넓은 길로 이끌며 자유롭게 해주는 통찰을 우리는 기다립니다.

영적인 정신의 위기는 언제나 사랑의 위기입니다. 우리의 사랑이 다른 사람들을 제외하면, 우리의 사랑은 위기에 봉착합니다. 그럼, 우리는 그들에게 우리 안과 곁에 동등한 자리를 줍니다. 우리는 쉬지 않고 우리의 좁은 사랑의 결과를 우리 행동에서 경험하면서도, 다르게 생각하여 다른 사랑을 할 용기가 부족합니다.

그러기에 우리는 무엇보다, 우리의 일상에서 우리의 사랑을 그결과와 함께 우리 몸에서 검사합니다. 그리고 우리와 다른 사람들을 향한 더 넓고 다른 사랑과 생각의 결과들을 그 사랑과 비교합니다.

좁은 생각은 가끔 고집스런 생각입니다. 어떤 것도 개의치 않고 한 방향으로만 뚫습니다. 이 생각은 완고합니다. 결국 이 생각은 구멍을, 사랑에 시체를 남깁니다. 어떤 것을 없애려고 합니다.

넓은 생각은 다른 사람을 초대합니다. 손을 벌려, 다른 사람들에게 여유와 함께 자유롭게 하는 행동을, 사랑으로 하는 행동을 줍니다.

사랑이 없으면 위험합니다. 사랑은 좁지 않기에, 위험은 끝납니다.

낮은 밝습니다. 밤이 우리에게 보지 못하게 한 것이 낮과 함께 드러납니다. 잠과 평온의 시간에 비해 낮은 움직임에 있습니다. 낮에 어떤 것은 움직임으로 옵니다. 낮은 우리가 어떤 것을 창조하는 일의 시간입니다. 낮은 우리에게 일할 것을 요구합니다.

많은 사람은 낮이 밤인 양 꿈을 꿉니다. 우리를 다른 세계로 이끄는 잠잘 때 꾸는 꿈에 비해 낮의 꿈은 공허합니다. 이 꿈은 낮이 헛되이 지나게 합니다.

낮은 우리에게 깨어 있는 주의를 요구합니다. 이 주의는 분명한 목표를 향하며, 행동으로 옮겨집니다.

낮은 이뤄지는 시간입니다. 성공의 시간입니다. 낮 일이 끝나면 우리가 어떤 것을 이뤘다는 것을 우리는 압니다. 그런 후 낮은 밤을 향해 가, 밤에서 평온에 옵니다.

밤에 비해 낮은 생기가 넘치고 새롭습니다. 낮에는 어떤 것이 앞으로 갑니다. 그러기에 우리는 무엇보다 낮에 생명감을 느낍니다.

낮들에는 특별한 낮도 있습니다. 일요일, 주의 날이 있습니다. 신은 창조가 있은 후 일곱 번째 날 쉬었다고 성서는 말합니다. 우리도 쉽니다. 신은 창조물을 뒤돌아보고 아주 좋게 여겼습니다. 일하는 평일 후 휴일도 있습니다.

추석이나 설과 같이 명절도 있습니다. 우리는 쉬면서 이 날들을 지냅니다.

자주 우리는 날을 기다리기도 합니다. 어떤 것이 이뤄지는 날을 기다리기도 합니다. 새로운 어떤 것이 시작하는 결혼식이나 출생을 기다리기도 합니다.

결국 우리의 날도 끝납니다. 그 날은 새로운 날이 없는 밤에 굴복합니다. 적어도 우리는 밤을 그렇게 상상합니다.

아마 이 밤은 아주 다른 낮의 밤일 것입니다. 그 낮은 밤이 없는 다른 삶으로의 상승의 낮일 것입니다. 이 낮을 우리는 기뻐해도 됩니다. 모든 날이 지난 후 그 날은 밤이 없기 때문입니다.

지난

"**지난** 것은 지난 것이다", 라고 우리는 가끔 말합니다. 그리하여 우리는 더 이상 어떤 것에 되돌아가지 않습니다. 그건 우리에게 끝났습니다. 우리는 앞을 봅니다.

정말 지났습니까? 그것이 극복되었기에, 우리는 즐거워합니다. 우리는 앞에 오는 새로운 것에 기뻐합니다. 그럼 지난 것이 새로운 것에게 힘을 줍니다. 지난 것은 우리와 함께 중요한 경험으로 함께 갑니다. 우리는 그 경험을 바탕으로 삼아 다르게 계속 갑니다.

어떤 것이 지나면, 우리는 가끔 묻습니다. : "그게 전부였습니까?" 우리가 그 많은 노력을 할 가치가 있었습니까? 운동시합에서 승리하는 경우, 우리는 그렇게 묻습니다. 승리는 진짜 삶에 어떤 것을 가져왔습니까? 혹 삶에서 어떤 것을 빼앗지는 않았습니까?

좋게 지나도 되는 것은, 좋게 계속 갑니다. 그것은 다음에 오는 더 큰 것을 향한 준비였습니다.

이 지남은 계속 가며 발휘되는 생명의 움직임의 한 부분입니다.

우리와 함께 가는 어떤 것만이, 정말 지날 수 있습니다. 어떤 것이 지나게 우리가 두지 않기에, 우리는 가끔 어떤 것을 붙잡습니다. 정말 지나도록 할 그 어떤 것이 부족합니다. 이별이 아직 되어 있지 않습니다.

여기에서 이별이란: 어떤 것이 지나도록 나는 동의합니다. 나는 더 이상 어떤 기대도 하지 않습니다. 그것이 그렇게 지났어도 나는 후회하지 않습니다. 내가 죄책감을 느꼈어도 나는 지나게 둡니다. 무엇보다 나는 원한을 갖지 않습니다. 그래야 나는 오는 사랑을 위해 준비합니다.

이렇게 우리 생명도 지나도 됩니다. 충만돼 지나도 됩니다 ― 그리고 우리는 우리에게 아직 감춰진 어떤 것을 위해 정신 차려 준비합니다.

5.

5장

우리는 무슨 악기에 메어 있는가?
그리고 누가 우리를 손에 쥐고
연주하는가?

의식하면서 준비하는

오는 어떤 것에 의식하면서 준비하는 우리는 깨어 정신 집중하여 있습니다. 우리는 긴장하면서 준비합니다. 무엇이 우리를 기다릴지 모르기 때문입니다. 우리는 우리에게 알려지지 않는 것에 준비합니다.

옛 것에는 아무도 준비하지 않습니다. 이미 알고 있기 때문입니다. 차라리 우리는 우리 뒤로 두는 것을 준비합니다. 슬퍼하면서 뒤에 두는 것에 각오합니다. 우리가 이렇게 두는 것에 각오하면, 우리는 오는 것에 온 몸을 다해 용감하게 각오하게 됩니다. 가끔 두려움에 떨면서도 각오하게 됩니다.

각오하면서 준비한다는 것은, 그렇게 될 때까지 기다린다는 것입니다. 먼저 그에 대해 어떤 생각도 하지 않으면서 기다린다는 것입니다. 마치 우리가 그것을 우리 생각으로 그렇게 먼저 일어나게 하여, 새로운 것에 대한 놀람을 피하려 하지 않고, 실제 일어나게 기다린다는 것입니다.

오는 모든 것은, 우리가 미리 알 수 없게 다릅니다. 우리는 그 모든 것과 어떻게 합니까?

  우리는 순간에 머뭅니다. 순간은 이미 거기 있기 때문입니다. 우리는 우리를 이 순간 덮치는 움직임에 머뭅니다. 이 움직임이 이 순간 머무는 만큼 머뭅니다. 우리는 이 순간을 넘어가는 내면의 상들과 두려움들 그리고 기대들로부터 비워져 머뭅니다. 우리는 이 순간 순간에 일어나는 것을 향해 정신집중하며 머뭅니다. 그것이 순간에 일어나는 만큼 머뭅니다. 곧, 우리는 순간 다음에 오는 것을 위해 비워 머뭅니다.

  이 비움에서 우리는 정말 준비합니다. 모든 것을 향해 정신 집중하여 준비합니다.

성공

언제 우리가 특별하게 성공함을 느낍니까? 우리가 행하는 것이 생명에 봉사하면 그렇게 느낍니다. 그렇다면 자녀는 우리에게 가장 큰 성공입니다. 그리고 나중에 자녀를 생활력 있게 하는 모든 것입니다. 그리하여 자녀는 생명을 넘겨줄 수 있습니다.

우리와 다른 사람의 생명에 봉사하게 하는 것은 무엇이나 영속하는 성공입니다. 그 성공으로 생명은 보존되고 계속 갑니다.

그런 성공을 우리는 자랑스러워합니까? 그렇습니다. 부모는 자녀를 자랑스러워합니다. 그리고 우리에게도 어떤 것이 잘 되면, 우리는 우리를 자랑스러워합니다. 여기에서 자랑이 밖으로 나타난다면, 그것은 행복입니다. 우리가 아주 좋게 생명에 봉사했기에 나타나는 행복입니다. 이 성공들은 영속합니다. 생명이 성공들과 함께 계속 가기 때문입니다.

마찬가지로 승리들도 성공들입니다. 우리가 시합에서 최고였다면, 그 승리들은 개인적인 성공들입니다. 우승을 향한 대회와 대회를 통해 전개되는 활력은 생명에 봉사합니다. 대회에 참가하는 사람 모두뿐 아니라 생존하기 위해 참가를 강요당한 사람들도 생명을 계속 가게 합니다. 개인적으로 시합에 져도 생명은 계속 갑니다. 모든 생명은 자신을 관철해야 합니다. 관철함으로 생명은 잘 됩니다. 우리는 생명의 모든 분야에서 경쟁에 자신을 세워야 하며, 경쟁을 긍정해야 합니다.

함께 시합에 나가는 사람들은 공동으로 더 많이 이루기 위해 힘을 합칠 수 있습니다. 그리하여 그들은 혼자 하는 것보다 더 많이 성공합니다. 그 성공은 공동의 성공이 됩니다. 그럼 개인보다 집단이 그 성공을 더 자랑스러워하다.

생명에 봉사하지 않고 자아도취에 빠진 성공들은 낭비됩니다. 우리가 그 성공들을 생명의 봉사하게 하면 그렇지 않습니다.

이 성공들은 개인적인 능력이며, 개인적인 노력을 전제합니다. 그 성공들에 우리도 성장합니다.

다른 사람들을 대가로 하는 성공은 다릅니다. 무엇보다 자신이나 가족의 생명을 대가로 하는 성공은 다릅니다.

우리는 어떻게 개인적인 성공이 지속되게 합니까? 우리의 성공으로 다른 사람들이 자신들의 생명을 위해 어떤 것을 얻게 되면 우리의 성공은 지속됩니다. 그런 성공들은 우리와 다른 사람들을 행복하게 합니다.

귀환

나는 되돌아옵니다. 혹 나는 물러납니다. 되돌아옴은 앞으로 움직입니다. 귀환입니다. 예를 들면 집으로의 귀환입니다. 여기에서 나는 되돌아옵니다.

다른 움직임은 어떤 것으로부터 떠나는 것입니다. 이 움직임은 뒤로 갑니다. 이 움직임으로 우리는 어떤 것을 놓습니다. 그리하여 우리는 앞으로 움직일 수 있어 움직일 준비를 합니다. 귀환과 반대로 이 움직임은 철수입니다.

여기에서 나는 무엇보다 무엇으로부터 물러나, 어디로 갑니까?

나를 내 사랑에서 잡았던 것으로부터 나는 물러납니다. 예를 들면 내가 어떤 사람들에게 존경받기를 원했는데, 그들이 나를 존경하지 않았기에, 나는 그들께 악의를 품었습니다. 내가 그들로부터 물러나기에, 나는 그들을 내면에서 자유롭게 합니다.

나는 내 길을 방해하는 모든 것으로부터 물러납니다. 예를 들면 소원들입니다. 내 능력의 한계를 넘기에 이뤄질 수 없는 소원들입니다.

나는 나의 오만으로부터 물러납니다. 나는 건방지게도 다른 사람들이 나를 비난하도록 행동하고 말했습니다. 나는 물러나 그들과 같은 차원에 머뭅니다. 또한 나는 내가 그들 아래에 있다는 모든 열등감으로부터 물러납니다. 예를 들면 내 잘못이나 죄로 생긴 열등감으로부터 물러납니다.

나는 내 책임으로부터도 물러납니다. 또한 내가 다른 사람들에게 주는 죄나 잘못이나 책임으로부터도 물러납니다.

죄나 잘못이나 책임 너머에서 나는 모두를 연결하는 사랑에 머뭅니다. 여기에서 나의 물러남은 끝납니다. 여기에서 모든 것은 동시에 거기 있습니다. 행복하게 거기 있습니다. 사랑과 함께 영속하면서 거기 있습니다.

바라봄

우리 앞에서 발생하는 어떤 대단한 일을 바라보는 우리는, 가끔 정신없이 휩쓸립니다. 우리 축구팀이 경기하는 것을 보는 우리는, 우리 팀과 함께 이기려고 모든 것을 잊습니다. 우리가 이기느냐 아니면 지느냐 하면서 우리를 잊습니다.

많은 사람들은 경기가 끝나도 계속 합니다. 상대편 응원단과 길거리에서 싸우거나, 술자리나 집에서 경기에 대해 토론합니다.

상대가 없는 행사에서는, 예를 들면 록 콘서트에서는, 참가자들은 함께 휩쓸립니다. 그리하여 그들은 자주 함께 노래하며 춤추고, 정신 나간 사람처럼 함께 괴성을 지르기도 합니다. 그들 앞에 신들린 연기가 펼쳐지면, 그들도 함께 고양됩니다. 그리하여 그들의 영혼은 어떤 것에 닿아 떨리고 울려, 그들은 영적인 세계로 유괴되었다가, 다시 평상의 사랑과 삶으로 충만돼 돌아옵니다.

우리는 가끔 많은 사람에게 재앙을 가져오는 어떤 것이 오는 걸 봅니다. 마치 그들의 운명이 멈추어지지 않을 것처럼 보입니다. 우리는 그들과 함께 느낍니다. 그들과 함께 사랑이나 두려움으로 함께 고통 받습니다. 기꺼이 그 운명이 멈추길 원하기에, 우리의 것이 아니면서 우리는 그 운명에 휩쓸리는 경험을 합니다. 여기에서 우리는 같은 사람으로 함께 － 느낌에서, 함께 － 고통 받음에서, 함께- 염려함에서, 함께- 슬퍼함에서 우리를 잃습니다.

우리가 데려가지지 않고 단지 바라봄으로, 정신 집중하여 바라봄으로, 다른 힘들이 작용하는 것을 보고, 데려져가는 사람들과 거기에서 함께 바라봄으로, 거리를 두고 개입하려거나 개입하지 않고 그 힘들이 작용하게 바라봄으로, 우리는 우리와 그들을 안고 있는 근원과 연결됩니다. 이 바라봄에서 우리는 가장 깊이 그들과 우리에게 있습니다.

조절된

주고받음의 조절이 우리 관계들의 기본입니다. 조절은 사람들을 서로 함께 평화롭게 살게 하는 정의의 기본입니다.

우리가 사랑으로 조절하면, 우리는 정의를 넘어갑니다. 상대를 사랑하기에 우리는 그가 우리에게 준 것보다 더 많이 그에게 줍니다. 이 조절이 우리 사랑에 봉사합니다. 우리가 사랑으로 더 많이 준 대답으로 상대도 우리에게 더 많이 줍니다. 이렇게 우리 사이의 조절은 성장합니다. 사랑이 생명에 봉사함에서 정의와 연결됩니다. 그리하여 생명이 계속 가고 성장합니다.

정의롭게 받는 것만큼만 주는 조절에 비해 이 조절은 더 많습니다. 사랑으로 하는 조절은 정의를 너머 가기에 연결합니다. 그리하여 조절은 계속 갑니다. 사랑이 정의를 완성시켜, 정의를 계속 가게 합니다.

사랑으로 하는 조절은 다르게 계속 갑니다. 생명에 봉사함에서 우리는 사랑으로 조절할 수 없는 사람들에게 어떤 것을 넘겨줍니다. 예를 들면 부모와 아이입니다.

이 조절은 사랑으로 하는 봉사입니다. 여기에선 사랑이 먼저 옵니다. 이 사랑은 상대가 정의롭게 조절할 거라고 기대하지 않고 줍니다. 이 사랑을 받는 사람도 나중에 그 사랑을 다른 사람들에게 넘겨줌으로 조절합니다. 다른 사람들도 주는 사람이 전에 한 것처럼 정의롭게 조절할 수 없이 받기만 합니다. 나중에 그 사랑도 봉사로 조절됩니다.

봉사는 많은 것을 포함하는 조절입니다. 조절은 우선 사랑입니다. 넘겨주는 사랑입니다. 다른 사람에게 봉사하는 사랑입니다. 생명을 넘겨주는 사랑입니다. 여기에서 정의는 사랑이 됩니다. 정의는 사랑을 충만케 합니다.

더 많이

"더 많이"는 더 많은 생명입니다. 다른 모든 "더 많이"는 잠정적입니다. 생명은 계속 가기에, 생명에 "더 많이"는 영속합니다.

"더 적게"는 더 적은 생명입니다. "더 적게"는 생명을 적게 합니다. 더 적게는 생명을 방해합니다.

"더 많이"에 우리를 맞춰 우리가 생명과 함께 가는지, 우리는 우리에게서 경험합니다. 우리는 더 많은 사랑에, 더 많은 성공에, 더 많은 기쁨과 행복에 우리 자신을 맞춥니다.

우리가 "더 적게"에 만족하면, 우리는 더 적은 생명에, 더 적은 사랑에, 더 적은 기쁨과 행복에 만족합니다.

우리 내면의 움직임이 어디로 가는지, 우리는 우리에게서 감지합니다. 움직임이 더 적은 쪽으로 가면, 그 움직임은 우리 생명의 종말에게로, 죽음에게로, 충만된 생명시간 전의 죽음에게로 갑니다.

우리가 이 움직임을 우리 안에서 감지하면, 무엇이 우리에게 맞는 대답입니까?

　우리는 다시 "더 많이"로 우리를 맞춥니다. 우리가 더 많은 방향
으로 우리를 넓히고 더 많이를 원해야 우리는 생명과 공명에 머뭅
니다. 생명은 모든 순간에 더 많이를 얻습니다. 그럼 우리의 정지
와 함께 공허의 시간도 지납니다.

　어떻게 우리 생명이 더 많이 됩니까? 우리 생명이 다른 생명에 더
많이 봉사하면, 우리 생명은 더 많이 됩니다. "더 많이"란 우리와
다른 사람들에게서 더 많은 생명을 말합니다.

　어떻게 우리 생명이 더 적게 됩니까? 우리가 더 적게 봉사하기 시
작하거나, 봉사를 중단하면, 우리 생명은 더 적게 됩니다. 그럼 우
리는 정말 살거나 사랑하지 못하고 단지 비봉사몽간에 헤맵니다.

　우리 생명도 종말에 와 죽음으로 끝납니까? 충만된 생명은 우리
가 봉사한 사람들의 생명과 함께 갑니다. 어떻게? 더 많이 갑니다.

전화(轉化)

어떤 것이 비슷하게 계속 가는 성장과 반대로, 전화에 의하면 새로운 어떤 것이 생깁니다. 옛것에서 생겼지만, 새로운 것은 옛것과 비슷한 점이 없습니다. 애벌레에서 나비가 나오는 것 등입니다. 생명은 성장이외에 전화가 있어야 합니다.

우리가 죽은 후에 우리는 전화를 희망합니다. 부활의 상에 따라 영적인 창조의 분야에로의 전화를 희망합니다. 이 전화로 우리는 우리의 근원으로 되돌아갑니다. 우리의 동경은 이 전화를 향합니다.

우리가 이생에서 이 전화를 경험합니까? 혹은 전화의 전조를 경험합니까?

명상에서 우리는, 가끔 우리를 우리 몸 밖으로 잠시 동안 이끄는 움직임에 의해 덮칩니다. 그 움직임에 의해 우리는 시간과 공간 밖으로 데려져 가, 무한한 사랑으로 채워져 우리가 그 사랑과 하나가 되는 경험을 합니다. 여기에서 우리의 두려움은 끝납니다. 두려움은 전화하기 전에 있습니다. 우리가 마지막 놓음으로 전화에 의해 덮쳐지기에 전화를 두려워하기 때문입니다.

 이 전화로부터 우리는 다시 얼마동안 돌아옵니다. 우리는 전화
로 나갔다가 들어와 다시 나갑니다.

 릴케는 마지막 전화를, 자신의 죽음에서 오는 전화처럼, 오르페
우스를 향한 마지막 소네트에서 노래합니다.

 머나 먼 것의 정적의 친구여, 느껴라,
 어떻게 네 숨이 공간을 늘리는가.
 암흑의 종루(종이 매달려 있는 집)의 대들보에서
 네가 울리게 하여라.

 너를 힘들게 하는 것이 힘든 것을 넘어 강함이 된다.
 전화에서 나오고 들어가라.
 무엇이 너의 가장 고통스런 경험 이느냐?
 술 마시기가 네게 쓰라리면, 술이 되거라.

 이 밤의 술에 만취함에서
 네 감각의 사거리에 있는 마법의 힘이 되거라,
 마법의 가장 깊은 내면의 움직임의 감각이 되거라.

그리고 이 세상의 것이 너를 잊었다면,
침묵의 대지에 말하거라 : 나는 조용히 흐른다.
빠르게 흐르는 물에게도 말하거라 : 나는 존재한다.

  우리의 전화는 피할 수 없이 우리를 기다립니다. 매순간 우리를
이미 벌써 기다립니다. 우리를 순수하게, 무한히 순수하게, 완성돼
순수하게 기다립니다. 이 전화와 공명에서 우리는 다르게 살며 다
르게 사랑합니다. 평온하게 다르게, 전화를 지금 벌써 시작하면서
다르게 살며 다르게 사랑합니다.

도착한

도착이란, 너에게 도착했단 말입니다. 우리는 다른 사람에게
만 정말 도착합니다.

다른 데에서 시작했기에 자주 오래 걸린 여행에서 우리는 도착합
니다. 마찬가지로 아이도 아홉 달이 지난 후 드디어 출생으로 도착
합니다. 누구에게 도착합니까? 자신의 부모에게 도착합니다. 부모
는 오래 기다렸습니다. 우리 생에서도 우리는 가장 아름다운 곳에
도착하기도 합니다. 거기에 우리가 도착하길 누군가가 기다립니
다. 기쁨으로 기다립니다.

자주 도착은 오랜 시간이 지난 후 재회입니다. 그럼, 우리가 도착
만 한 게 아니라, 우리는 원이 한 바퀴 돌아 완성되는 것처럼, 집에
돌아옵니다.

다른 사람들도 우리에게 도착합니다, 우리에게 돌아옵니다. 우리
가 그들을 사랑으로 기다리면, 그들은 기꺼이 우리에게 돌아옵니
다.

태어날 때 우리는 낯선 장소와 사람들에게 새롭게 도착합니다. 우리가 나중에 새롭게 도착하려고 하면, 곧 오랜 시간이 경과 후 다시 집에 돌아오면, 우리는 우선 새롭게 방향을 정해야 합니다. 그 사이에 우리와 다른 사람들은 다르게 되었기에, 우리는 서로 새롭게 맞춰야 합니다. 우리는 옛 친밀함을 넘어 새로운 친밀함을 찾습니다. 우리가 결코 두 번 다시 같은 강물에 발을 내딛지 못하는 것처럼, 우리는 결코 같게 다시 도착하지도 집에 돌아오지도 못합니다.

우리의 생명은 첫 번째 도착에서 마지막 도착으로 흐릅니다. 그런 후 우리가 어디에 도착하는지, 우리는 우리의 출생 때처럼 거의 모릅니다.

거기에 우리가 기다려집니까? 기쁨과 사랑으로 기다려집니까? 이런 상들이 여기에서 맞습니까? 우리가 다시 돌아오는 것입니까? 혹은 우리가 잃게 되는 것은 아닙니까?

아마 우리는 결코 가지 않았을 것입니다. 그리고 이 도착에서 이미 거기, 감춰져 거기, 우리는 있습니다.

이 도착에서 우리는 오지도 않았고 가지도 않는 같은 강물에 들어갑니다. 여기에서 우리는 이미 언제나 도착했습니다. 언제나 지금 거기 도착했습니다.

바꾸어지는

자주 우리는 우리가 기대하며 준비한 것과 다른 상황을 만납니다. 그 상황에 맞추기 위해 우리는 우리를 바꿔야 합니다. 바꿈이란 : 새로운 상황에 우리를 맞추는 것입니다.

이렇게 우리는 우리 삶에서 쉬지 않고 우리를 바꿉니다. 모든 생명은 계속해서 자신을 바꿔 새로운 상황에 적응합니다.

예를 들면 우리 몸은 쉬지 않고 자신을 바꿉니다. 더우면 땀을 흘리고, 더 많은 공기가 필요하면 더 깊이 숨을 들이마시고 내쉽니다. 그럼 심장은 더 빠르게 뜁니다. 몸이 수분을 필요로 하면, 목마르고, 넘어지려면, 다시 균형을 잡습니다.

그러나 정신은 바꾸기를 어려워합니다. 새로운 것이 앞에 나타나면, 새로운 상황에 직접 반응하여 그에 맞춰 바꾸기보다, 자신께 익숙한 내면의 상들과 느낌들에 자신을 맞춥니다. 상황이 요구하는 것보다 정신은 더 많이 감지합니다. 정신은 상상합니다. : 다른 사람들이 자신께 기대하는 상들에 의지하지 않고, 자신 앞에 놓인 것에 순수하게 대답하여, 즉시 그 상황을 자신과 자신의 일에 가장 좋게 봉사하게 변화시키면 다른 사람들이 어떻게 반응할 가를 상상합니다.

여기에서 결국 우리 정신에게는 이 상들의 전환이 문제입니다. 더 정확이 말하자면, 아직도 내면에서 우리 정신을 차지하고 있는 사람들과 이별이 문제입니다. 그들이, 우리 정신에게 영향을 행사하려 하지도 않고 오직 이 상들에서만 거기 있는데도 말입니다. 자주 그들은 이미 오래 전에 죽었습니다.

이 전환에서는 무엇이 문제입니까? 과거가 없는 순간이 문제입니다. 생명을 향하는 게 문제입니다. 생명이 지금 생명 자신을 충만하게 하는 것을 필요로 하는 것에 향하는 것이 문제입니다. 지금 생명에 향하는 사랑이 문제입니다. 나와 다른 사람들의 지금 사랑과 생명에 관하는 것이 문제입니다. 오직 지금.

저항

저항은 우리의 의지를 다시 생각하게 강요합니다. 우리의 의지가 상황에 맞습니까? 우리가 중요한 어떤 것을 간과했거나, 그것을 고려하지 않았습니까? 우리가 영적인 정신의 사랑의 공명을 벗어나지 않았습니까?

그리하여 우리는 저항에 맞게, 저항을 존중하며, 저항을 받아들이려 시도합니다.

저항을 통해 우리는 존재하는 모든 것을 존재하는대로 포함하는 사랑으로 돌아옵니다. 우리는 우리에게 저항하는 것에 저항하는 것을 그만둡니다.

우리의 저항이 끝나면, 다른 저항도 사라집니다. 더이상 위협을 받는다고 느끼지 않기 때문입니다.

우리는 우선 우리 안의 어떤 것에 저항해야 합니다. 제외하는 우리 안의 사랑에 저항해야 합니다. 이 사랑은 모든 것을 포함하는 사랑에 아직도 저항하기 때문입니다.

모든 저항은 결국 제외와, 열기보다 분리하는 사랑에 대한 저항입니다. 저항은 우리에게 사랑의 경계를 열기를 강요합니다.

저항은 무엇보다 더 좋다는 우리의 요구를 향합니다. 신에게 더 많이 사랑받는다는 그리하여 신에게 더 많이 봉사한다는 우리의 요구를 향합니다.

이 저항은 저 깊이에서 신과 신의 사랑 그리고 신의 이끎을 제외하는 것에 대한 저항입니다.

우리는 이 저항을 어떻게 만납니까? 모든 것을 존재하는대로 사랑하는 영적인 정신의 사랑으로 만납니다. 그리고 생명에 봉사하려고 시도하는 모든 것을 사랑하는 영적인 정신의 사랑으로 만납니다.

이 저항에 직면하는 우리는, 저항을 단념합니다. 신에 저항하는 우리의 저항을 단념합니다. 신이 모두를 사랑의 움직임으로 데려가는 방법에 대항하는 우리의 저항을 단념합니다. 어떻게? 저항 없이, 신과 같은 사랑으로.

신뢰

친밀함에서 믿고 의지하고 따름이 옵니다. 나는 한 사람이 나를 사랑하여 내가 아주 잘되길 원한다는 것을 믿고 의지하고 따릅니다. 그는 나를 환대할 준비를 하고 있으며, 내가 그를 필요로 하면, 나를 위해 그가 있다는 것을 압니다.

그렇게 자녀는 부모를 , 부부는 서로 신뢰합니다. 서로 의지하고 기대할 수 있습니다.

한 사람을 신뢰한다는 것에 어떤 것이 더해집니다. 나는 그가 다른 사람들에게 감춘 것을 압니다. 그는 나에게 그것을 말했습니다. 이렇게 깊이 서로 신뢰함으로 둘은 서로 내면에서 사랑으로 친밀합니다.

우리는 어떤 일에도 익숙합니다. 우리는 잘되기 위해 무엇이 행해져야 한다는 것을 압니다. 우리는 시간이 흐르면 생명에도 익숙합니다. 생명이 잘되기 위해, 우리에게 생명이 어떤 것을 맡기는 가에도 익숙합니다. 또한 생명이 존속하여 이뤄지기 위해, 생명이 매 순간 우리를 위해 어떤 것을 완성하는 가에도 우리는 익숙합니다.

그렇게 우리는 다른 사람들의 생명에도 익숙합니다. 우리는 우리 삶으로 그들께 봉사하여, 그들과 함께 충만을 찾습니다.

그들과 함께 우리는 행복에도 익숙합니다. 부부관계에서의 깊은 행복과 다른 사람들을 행복하게 하는 행복에도 익숙합니다. 그리하여 그들은 자녀들의 행복에 봉사면서 행복해 합니다.

또한 우리는 생명이 우리에게 요구하는 것에도 익숙합니다. 생명이 우리에게 언제나 강요하는 것에도 우리는 익숙합니다. 여기에서도 우리가 생명을 신뢰하면, 우리는 생명을 믿고 의지합니다. 우리는 생명이 계속 가는 것을 신뢰합니다. 모든 것에서 생명이, 우리 생각과는 다를지라도, 계속 가는 것을 신뢰합니다. 그래야만 우리는 전체적인 위대함과 그 전체적인 사랑을 믿고 따릅니다.

어떻게 우리에게 그 사랑이 이뤄집니까? 우리가 사랑의 마지막 움직임을 믿고 의지하고 따르면, 우리는 그 움직임과 함께 우리가 사랑하는 모든 것을 믿고 의지하며 따르게 됩니다. 우리는 이 움직임과의 공명에서 모든 것을 믿고 의지하며 따릅니다.

이 움직임이 우리의 가장 깊은 신뢰입니다. 이생과 우리의 사랑을 넘는 신뢰입니다. 이 움직임은 가장 깊이 모든 것을 믿고 의지하며 따릅니다. 우리도 이 움직임과 공명에서 모든 것을 믿고 의지하며 따릅니다.

공명(共鳴)

공명이란 서로 함께 진동하는 것입니다: 서로 조절하며 맞춰 함께 진동하는 것입니다. 공명에서 우리는 서로 사랑으로 연결돼 머뭅니다. 여기에서 사랑이란 서로 조절하며 함께 맞춰 서로 함께 진동하는 것입니다. 서로 향하여 함께 진동하는 것입니다.

우리가 자연에 그대로 동의함으로, 우리는 자연과 공명에 옵니다. 그리하여 우리는 자연과 함께 진동하여 자연에 공명합니다. 마찬가지로 우리는 생명과도 공명에 옵니다, 전체 생명과 공명에 옵니다. 그리고 그 어떤 무한한 진동과 공명에 옵니다. 그 무한한 진동의 멜로디를 듣는 창조는 그 멜로디와 함께 노래를 부르며 진동합니다.

같은 방법으로 우리는 상황과도 공명에 옵니다. 상황이 어떠하든, 우리는 그 상황에서 진동하는 그 마지막 힘과 진동에 옵니다. 그리고 그 힘을 통해 우리는 그 상황에 진동합니다. 단번에 모든 것이 우리에게 친절하게 다가옵니다. 상황에서 그 어떤 힘과 공명으로 진동하는 그 무엇이 우리에게 친절하게 다가옵니다. 그리하여 우리는 그 힘과 같은 멜로디로 진동하기 시작합니다. 이 힘과 공명에서 우리는 단번에 다르게 진동해야 합니다. : 더 넓고 더 깊게 그리고 더 포함하며 더 크게. 이 공명에서 우리는 우리를 넘어 성장하여 우리는 우리가 상상하는 것 이상으로 더 많은 것과 진동합니다.

　이 방법으로 나는 나를 넘어 더 깊고 넓은 사랑으로 다른 사람들과 진동합니다. 누구보다 나는 나와 생명을 나눈 사람들과 진동합니다. 함께 우리는 우리를 넘어 다른 영역으로 진동합니다. 그럼에도 우리는 같은 기본음으로, 모든 것에서 울리는 기본음으로, 진동합니다. : 영원한 사랑의 기본음으로 진동합니다.

정확한

정확하다는 말은 한 점에 모은다는 것입니다. 그리하여 정확한 것은 정확한 것이 속한 어떤 것으로부터 데려져갔습니다. 그러기에 정확한 것은 또한 제한됩니다.

정확한 것은 고립돼 있습니다. 더 큰 어떤 것으로부터 절연돼 있습니다. 정확한 것이 정확하기에 우리는 정확한 것을 우리에게 유용하게 쓸 수 있습니다.

모든 본질적인 것은 부정확합니다. 본질적인 것은 많은 여러 가지를 포함하여 함께 고려하기 때문입니다. 그러기에 사랑과 깊은 통찰은 언제나 부정확합니다. 사랑과 통찰은 많은 것을 동시에 가능하게 합니다.

개체보다 더 많은 것을 포함하는 지각도 마찬가지입니다. 지각은 전체를 향하고 있기 때문입니다. 또한 지각은 지금보다 더 많은 것을 향하고 있습니다. 지각은 지금에서 지금이 되어질 움직임을 알아챕니다.

모든 창조적인 것은 움직임에 있기에, 부정확합니다. 정확한 것에 선 움직임이 멈춘다고도 말할 수 있습니다. 정확한 것은 더 이상 움직여서는 안 되는 한 점에 모아집니다. 그리하여 정확한 것은 끝납니다.

어떤 것을 정확하게 알려고 하는 사람은 그 앎과 함께 멈춥니다. 그 앎은 많이가 아니라 더 적게 가 됩니다.

모든 생명은 부정확합니다. 생명은 정확한 것을 넘어갑니다. 생명은 모든 순간 새롭기 때문입니다.

사랑도 그렇습니다. 배우자가 어떠해야 한다고 상상하는 사람은, 배우자에 대해 상을 만들기에, 살아있는 사람은 결코 만나지 못하고 상만 만납니다. 그리하여 그는 외롭게 삽니다.

정확한 것을 통해 우리는 우리에게 익숙한 안전을 찾습니다. 안전도 가능한 충만 없는 한 점에 모아집니다.

충만은 부정확합니다. 가장 작은 진보도 부정확하기 때문입니다. 정확한 것의 반대는 열린 입니다. 더 많음을 위해, 전체를 위해, 마지막 중요한 것을 위해 열려 있습니다.

무엇보다 사랑은 열려 있습니다. 날마다, 영속하는 충만에 녹아, 무한한 어떤 것에 이르는 널따란 강물처럼 열려 있습니다. 어떻게? 부정확하게, 모든 것과 동시에 함께 하기에.

멈춤

전에 움직임에 있던 어떤 것이 멈추는 것을 멈춤이라 합니다. 여기까지 움직이고 더 이상 움직이지 않는다는 것입니다.

그러나 움직임이 다시 시작하면, 멈춤은 잠정적입니다. 어떤 것이 최종적으로 멈춤에 올 수도 있습니다. 예를 들면 심장이 멈추면, 생명은 최종적인 멈춤에 옵니다.

어떤 것이 지치면 멈춤에 옵니다. 전에 힘에 차, 강했던 것이 이제는 더 이상 힘이 없습니다. 전에 중요한 것이 이제는 더 이상 중요하지 않습니다. 멈출 때가지 종말을 향해 갑니다.

많은 사람들을 휩쓴 시대사조나 많은 이상들도 마찬가지입니다. 얼마나 많은 사람들이 이상을 따라 자신을 희생하여 마침내는 폐허 앞에 섰습니까? 전쟁은 그렇습니다.

사랑도 가끔 멈춤에 옵니다. 아마 사랑은 자신의 임무를 다했습니까? 다시 새로워질 수 있습니까? 사랑이 다시 되살아날 수 있습니까? 다르게 되면 그렇습니다. 평온과 단념으로 그리하여 더 순수하고 더 깊게 되면 그렇습니다. 적게 기대하고 원하기에, 사랑이 멈춘 것 같습니다, 거의 움직이지 않는 것 같습니다. 그럼에도 사랑은 거기 있습니다, 온전하게 거기 있습니다. 충만된 현재로서 거기 있습니다. 사랑은 움직이지 않고 거기 있습니다. 움직이지 않지만, 거기 있음으로 사랑은 빛납니다. 사랑은 우리의 눈에서 빛납니다.

멈춤은 또한 목표에, 충만돼 목표에 있음을 말하기도 합니다.

묵상(默想)도 그런 멈춤입니다. 묵상은 단지 거기 있습니다, 움직이지 않고 정신 차려 거기 있습니다. 묵상은 도달했습니다.

사랑이 거기 있으면, 언제나 거기, 전체와 함께 온전하게 거기 있으면, 그렇습니다.

6장

오, 아름다운 노래여

끝없는

언제나 계속 가는 움직임에는 끝이 없습니다. 생명은 그렇게 언제나 계속 갑니다, 끝없이 다르게 계속 갑니다.

하나의 통찰도, 움직임에 있기에 그리고 언제나 새로운 통찰들로 이끌기에, 계속 갑니다. 각각의 통찰은 이 움직임의 한 부분을 파악합니다. 이 움직임은 이 움직임을 끝없이 계속 가게 하는 다음 통찰로 이끕니다.

우리의 시선이 한 점에, 오직 지구에 향하기에, 마치 언제 어떻게 지구가 종말에 올지 아는 것처럼, 우리는 지구의 종말을 가끔 상상하여 계산까지 합니다.

우리 모든 것을 움직이게 하여 움직임에 있게 하는 창조적인 것이 어떻게 종말에 올 수 있겠습니까? 창조적인 것이 지구와 지구의 시간에 제한된 것처럼 우리가 어떻게 상상할 수 있습니까? 어떻게 창조적인 것이 오직 지구의 시종(始終)과 함께 하겠습니까?

이제 우리는 이 생각들을 끝내고, 이 생각들의 경계를 넘어갑니다.

 우리의 삶에서 우리는 영적인 움직임들을 경험합니다, 끝없이 경
험합니다. 그 움직임들은 언제나 새롭기 때문입니다. 그 움직임들
이 종말을 알겠습니까? 누군가가 그 움직임들에게 경계를 세울 수
있습니까? 그 움직임들이 우리를 덮치면, 그 움직임들 안에서 우리
가 경계에 옵니까?

 이 움직임들은 끝없이 계속 갑니다. 그 움직임들에게는 이뤄지
는 목표가 있을 수 없기에 그렇습니다. 창조적인 것은 우리에게 오
직 목표와 종말 없이 상상될 수밖에 없습니다.

 그럼 사랑은 어떠합니까? 사랑이 목표에 도달하면, 아직도 사랑
입니까? 사랑이 목표에서 끝나는 건 아닙니까?

 무엇보다 우리에게 무엇이 끝없습니까? 영속하는 순수한 사랑입
니다.

경계들

경계들은 어떤 것을 제외합니다. 경계들은 경계 안에서 움직이고 있는 것을 경계 밖에 머물러야만 하는 것의 침입으로부터 보호합니다. 오직 우리 경계들 안에서만 우리는, 우리 경계 안의 공간을 우리와 나누는 사람들과 함께 제한받지 않고 움직일 수 있습니다.

우리가 이 경계들을 넘어가면, 우리는 기꺼이 그 경계들 안에 머물려고 하는 사람들과 연결을 잃습니다. 그들도 우리와의 연결을 잃습니다. 더 나아가 그들은 자신들을 두렵게 하는 분야로 넘어가는 우리를 배신자로 여깁니다. 그 분야는 그들께 위태롭게 보이기도 합니다.

이 경계들을 넘어 성장하려면 특별한 용기가 있어야 합니다. 홀로 아무도 감행할 수 없습니다. 오직 경계들 저편에 있는 다른 힘들에 의해 받아들여져 계속 이끌려야만 가능합니다. 우리는 이 연결을 다른 연결과 교환합니다.

변절자나 개종자가 예가 되겠습니다. 고향을 떠나 다른 데에서 새로운 거처를 찾아야만 하는 이주자도 마찬가지입니다. 그들은 하나의 경계로 둘러싸인 분야를 다른 분야와 교환합니다.

모든 경계를 넘어 이끄는, 모든 경계가 무너지는 분야가 있습니까? 그곳에선 우선 무슨 경계가 무너집니까? 지식과 사랑의 경계가 무너집니다.

어떻게 우리는 이 분야에 도달합니까? 우리는 그 분야로 모든 것에서 창조적으로 일하는 영적인 정신의 움직임에 의해 이끌립니다.

그 정신은 우리를 먼저 어떤 경계들을 넘어 이끕니까? 선악의 경계들과 더 좋거나 더 나쁜 것의 경계들뿐만 아니라, 우리의 판단의 경계들과 우리가 우리 경계 안에서 알고 사랑해도 되는 우리 인식의 경계들을 넘어 이끕니다.

그 정신은 우리를 이 경계들을 넘어 어디로 이끕니까? 다른 사랑으로 이끕니다. 그 정신에 의해 생각되어지기에, 존재하는 대로 존재를 가져, 매순간 창조적으로 존재하게 되는 모든 것 사랑으로 이끕니다. 그 정신이 생각하는 대로 모든 것을 원하는 그 정신의 사랑과 공명으로 이끕니다.

그렇게 이끌린 우리는 옛 경계들 안에 머무는 사람들과 사랑의 연결을 잃습니까? 여기에서도 이 사랑은 경계들 없이 있습니다.

내몰리는

우리가 저항 할 수 없도록 우리를 한 방향으로 내모는 힘들에 의해 우리는 내몰립니다. 우리는 이 힘들을 본능이라고 부르기도 합니다. 예를 들면 생존본능, 배고픔과 목마름 그리고 저항할 수 없는 성적인 욕구가 있습니다. 이 본능들은 생명의 위태로움을 완화시켜 생명에 봉사합니다. 이 본능들은 창조적입니다. 경정적인 어떤 것을 생기게 하기 때문입니다.

질문은 : 이 본능들이 어디에서 오느냐 입니다. 그리고 어떤 다른 힘에게 봉사하느냐 입니다. 이 본능들에서 무엇이 그렇게 저항할 수 없도록 작용하느냐 입니다.

그것은 원래적인 생명의 힘입니다, 신적인 힘입니다. 신적인 힘에게는 저항할 수 없습니다. 그 힘에서 마지막 원인과 힘이 드러나기 때문입니다.

우리는 우리의 본능을 억제해야 한다고 자주 들었습니다. 결국 무엇을 우리가 억제해야 합니까? 우리 안의 신적인 것을 억제해야 합니까? 우리가 이 본능들에 이끌려 살아남아 생명을 넘겨주면, 이 본능들이 우리 안에서 스스로 억제되는데도, 우리가 억제해야 합니까?

이 본능들은 질서에 봉사하며, 질서 안에서 전개됩니다. 본능들이 충족되면, 생명도 충족돼, 생명은 충만 됨을 경험합니다.

우리 영적인 정신도 내몰립니다. 지식욕에 내몰립니다. 이 지식욕을 우리는 아이들에게서 가장 아름답게 관찰합니다. 그들이 생명과 생명을 계속 가게 하는 것에 대해 많이 알아야, 아이들은 자신들이 생기에 차 있다는 것을 압니다.

생명은 쉬지 않고 계속 내몰리기에, 우리는 생명에 의해 생명을 방해하고 멈추게 하려는 많은 한계를 넘어 내몰립니다.

우리가 이 한계들 앞에 멈춰, 계속 가려는 생명본능에 우리가 실패하면, 우리의 본능과 생명은 약해집니다.

이 한계를 넘기 위해 우리는 우리 본능 이상의 것을 필요로 합니다. 우리가 원래의 힘에 의해 이 한계들을 넘게 우리를 이끌게 하며, 그 힘과 공명에서 우리를 우리의 마지막 완성을 향해 우리를 데려가게 하여 내몰리게 하면, 우리 생명이 자신의 모든 가능성과 함께 움직이는 대로 우리 생명을 생각하고 원하는 원래의 힘 자신이 우리를 도웁니다.

여기에서 우리는 내몰리기만 합니다. 영적인 정신으로 내몰리기만 합니다. 사랑으로, 무한한 사랑으로 내몰리기만 합니다. 사랑에서 우리는 충만돼 도달하면서, 창조적인 움직임에 머물면서 내몰리기만 합니다. 목표에서 평온하게 내몰리기만 합니다.

무자비한

무자비하다란 말은 각 개인을 고려하지 않는다는 것입니다. 더운 여름날 태양은 그렇게 무자비하게 하늘에서 내리쬡니다. 폭풍우도 무자비하게 휩씁니다. 그리고 사람들은 무자비하게 전쟁을 수행합니다. 자연뿐 아니라 사람들도 그렇게 무자비합니다.

신도 무자비합니까? 신의 이름으로 다른 신들께 전쟁을 하며 무자비하게 시체를 넘어가는 많은 사람들은 그렇게 상상합니다. 이 신은 그들처럼 다른 사람들께 무자비합니다. 무자비한 것에 넘겨진 사람에게 우리는 슬퍼합니다.

무자비하게 많은 사람들은 착취당합니다. 무자비하게 사람들은 자신들의 생명의 기초를 다룹니다, 자신의 몸을 더 나아가 무엇보다 자신의 영적인 정신을 무자비하게 다룹니다.

자비는 공감입니다. 우리는 정의로부터 자비를 지킵니다. 정의도 가끔 무자비하기 때문입니다. 자비는 연결합니다만, 정의나 정의를 세우려는 것은 분리합니다. 무엇보다 개인의 권리에 관한 것이면 그렇습니다. 여기에서 무엇보다 우리 생각들은 무자비합니다.

우리는 어떻게 자비로 되돌아옵니까? 겸손으로 되돌아옵니다.
우리는 다른 사람이 돼, 그의 신을 신고, 그의 심장과 함께 뜁니다.

자비를 통해 우리는 더 적게 됩니다. 우리는 말에서 내려 다른 사
람들과 함께 다시 걷습니다. 이렇게 우리와 다른 사람들은 신의 자
비를 모두에게 똑같이 경험합니다. 그리하여 신처럼 됩니다. - 인
간적으로 됩니다.

특별한 것

특별한 것은 다른 것과 구별됩니다. 특별한 날이나 특별한 축제, 특별한 경우나 특별한 사건 등입니다.

그렇게 우리 생일이나 결혼일은 특별한 날입니다. 기일(忌日)도 특별한 날입니다. 기일에 우리는 우리의 죽은 부모나 조부모를 기억합니다. 그리고 우리는 우리 기일이 우리에게도 특별한 마지막 날이 될 거라는 것을 압니다.

가끔 우리는 우리 기억에 오래 남을 특별하게 아름다운 날에 대해 말하기도 합니다.

모든 사람은 특별한 방법으로 특별합니다. 무엇보다 우리에게 특별히 사랑스런 사람입니다. 특별한 관계와 사랑이 우리와 그를 연결합니다.

특별한 방법으로 생명에 봉사하는 것은 특별합니다. 아마 많은 사람에게 특별한 방법으로 봉사하는 특별한 업적들이나 발명들 그리고 통찰들이 그렇습니다. 그것들은 오래 작용하며, 우리 삶을 특별하게 변화시켰습니다. 예를 들면 전기의 발명입니다.

우리 모두는 특별한 운명을 갖습니다. 각자에게 유일한 그리하여 어느 누구와도 비교될 수 없는 운명을 갖습니다.

그 운명이 특별한 목표에 그를 데려갑니까? 혹 운명은 모두를 특별하게 같은 목표에 데려갑니까? 원이 완성되는 곳으로 향하는 모든 특별한 걸음은 결국 같습니다.

그러기에 어떤 특별한 생명도 없습니다, 모두에게 같습니다. : 일정 기간 특별합니다, 결국 같습니다.

결국 죽어 있는 사람들도 같습니다. 어떤 더 좋은 죽음이나 더 나쁜 죽음도 없습니다. 모두는 죽음에서 같습니다. 우리가 그들을 위해 무엇을 하려 하든지, 사랑하든 멸시하든, 죽음에서 모두는 빛납니다. 우리의 생각을 피해 있습니다.

그렇습니다, 우리는 우리의 특별한 것에서 기다립니다. 우리의 특별한 것이 다른 모든 것과 같게 되기를, 같게 완성되기를 기다립니다.

불가능한

불가능이란 말은 두 가지 의미로 쓰입니다. 가끔 우리는 사람들에게 말합니다. : "당신은 사람에게 가능하지 않은 행동을 합니다." 그러나 그들이 그렇게 행동하기에, 그들의 행동이 가능하다는 것을 그들은 보입니다. 여기에서 불가능이란: 허용된 규칙과 공명에 있지 않다는 것입니다.

무엇보다 불가능이란 가능의 반대입니다. 우리는 어떤 것을 가능의 저편의 것이라고 간주합니다. 우리에게 불가능하게 보였던 것이 다른 사람에게 가능하게 되었을 때 우리는 자주 깜짝 놀랍니다. "불가능"이란 단어로 우리는 우리의 가능성을 제한합니다. 정확히 말하자면, "불가능"이란 우리가 우리에게 한계를 세우는 내면의 상입니다.

우리 내면의 상의 어떤 것이 가능하게 되게 하기 위해, 우리 내면의 상을 우리는 어떻게 다룹니까? 우리는 "불가"를 지웁니다.

가능한 것에 우리는 정신 차려 제시간에 도달합니다. 모든 것처럼 생명도 이제까지의 한계를 넘어 새롭게 가는 움직임에서 생깁니다. 가능한 것은 — 여기에서 불가피한 것도 — 먼저 오지 않습니다. 제시간에 생깁니다.

가능한 것에 먼저, 이제까지 금지된 어떤 것을 생각하길 감행하는 새로운 인식이 자주 먼저 옵니다. 통상의 상식에 반대하는 인식이 먼저 옵니다. 그걸 너머 통상의 상식이 불가능이라고 보고 말하는 인식이 먼저 옵니다. 여기에서는 본질적으로 불가능한 어떤 것이 가능한 것으로 말해집니다. 이 인식은 자유롭게 하는 생각입니다.

사랑에서도 같은 게 적용됩니다. 사랑에 대한 많은 이상들은 가능한 것을 넘어 갑니다. 오직 가능한 사랑만을 우리는 깊게 그리고 충만 되게 경험합니다.

이제까지 불가능한 것을 넘어, 가능한 것에서 우리는 성장합니다. 가능한 것이 자신의 한계에 도달할 때까지 성장합니다. 이 마지막 한계에의 동의는 가능한 것을 충만 되게 마지막으로 이끕니다. 가능한 삶과 가능한 사랑을 충만 되게 이끕니다.

다른

"**다른**"이란 단어엔 어떤 여러 가지가 같아야 되고 같을 수 있다는 상상이 함께 합니다. 우리는 여러 가지들을 비교하여 그것들이 다르다는 것을 알아냅니다.

그리하여 우리는 같지 않는 부부 또는 같지 않는 상황이라고 말합니다. 다른 것은 우리로 하여금 다른 것들을 서로 가깝게 하여 그것들이 같게 되도록 유혹합니다.

다른 것은 같은 것에게 싸움을 겁니다. 다른 것에게 같은 것보다 더 많은 것이 있으며, 같은 것은 다른 것에게 스스로를 세워야 한다는 것을 다른 것은 보입니다. 같은 것은 알려졌기에 자주 쉬운 것입니다. 다른 것이 같은 것을 계속 가게 합니다.

남자와 여자, 부모와 자녀, 젊은이와 늙은이 그리고 과거와 미래는 처음부터 다릅니다.

삶과 죽음은 다릅니다, 적어도 그렇게 보입니다. 다른 것은 같은 것에게 자주 다음 단계이기 때문입니다.

같은 것은, 이뤄진 것에서 우리를 만족케 하는 소망 상입니다. 다른 것은 반대로 모든 진보입니다.

하늘과 땅은 다릅니다. 하늘과 땅이 서로 무한하게 떨어져 있는데도, 땅위에 있는 하늘은 둘을 같게 만들려고 시도합니다.

같은 것에의 쏠림은 다른 것을 평평하게 하여 다른 것의 힘과 심각성을 없애려고 시도합니다.

이 의미에서 반복은 같게 나타납니다. 같은대신 반복은 자주 더 적게 자신을 드러냅니다. 오직 다른 것만이 같은 것을 계속 가게 합니다. 그리하여 같은 것은 다른 것에 의해 새로운, 다음 것으로 데려져 갑니다.

우리는 어떻게 다른 것을 다룹니까? 우리는 다른 것을 원하여 다른 것이 잘 되게 합니다. 같은 것과 이별하여 다른 것을 통해 더 풍부하고 더 많게 됩니다.

뒤에 남는

어떤 하나가 앞으로 나아가면, 다른 어떤 것은 뒤에 남습니다. 예를 들면 옛 것은 새로운 것 뒤에 남습니다.

반대로, 검증된 옛 것은 앞으로 가면서 많은 결정적인 것을 앞에 둔 새로운 것을 조심스럽게 가끔 데려갑니다. 새로운 것이 홀로 앞으로 갈 때까지 데려갑니다.

더 이상 움직이지 않는 많은 것은 뒤에 남습니다. 스스로 더 이상 움직일 힘이 없기 때문입니다. 그의 시간은 지났습니다.

가끔 우리는 앞으로 나아가려는 어떤 것이 우리를 지나 앞으로 가도록 합니다. 호의를 가지고 알면서 가도록 합니다. 결국 그것이 힘이 다해 더 이상 움직이지 못할 때, 우리는 그것을 따라잡아 사랑으로 데려갑니다. 그것이 정신 차려 자신의 힘으로 홀로 계속 갈 때가지 데려갑니다. 그리하여 우리는 그것이 자신 있게 이끌도록 합니다.

그렇게 뒤에 남은 우리는 얼마동안 아직 거기 있습니다. 개입하지 않고 있습니다. 우리의 시간이 지날 때까지 있습니다.

여기에서는 뒤에 남는 것이 생명의 실행입니다. 새로운 생명에 자리를 내주기 때문입니다.

영적인 정신의 움직임은 뒤에 남는 법이 없습니다. 사랑도 그렇습니다.

평온

평온은 폭풍 전에 옵니다. 평온은 낮의 충만 후 밤에도 옵니다. 전과 후의 평온이 있습니다.

평온에서 어떤 것이 준비됩니다. 부화(孵化)됩니다. 기다림의 시간이 지나면, 그것은 살아나 거기 있습니다.

이 평온은 정신 차려 있습니다. 평온에서 전에 움직임에 있었던 많은 것이 함께 합니다. 많은 것은 함께 하며 기다립니다. 이 평온은 깊으며 또한 깨어 있습니다. 이 평온은 행동하는 평온입니다. 다음을 향하여 긴장된 평온입니다. 행동이 시작하면, 더 이상 평온하지 않습니다.

다른 평온은 피곤합니다. 피곤한 평온으로 우리는 평온으로 갑니다. 이 평온은 잠을 찾습니다. 이 평온에서도 다음의 것이 준비됩니다. 잠에서 깨어난 우리는 다음 행위를 위해 준비돼 있습니다.

우리는 영적인 정신의 평온에 대해서도 말합니다. 우리의 영적인 정신은 어디에서 자신의 평온을 얻습니까? 우리 정신은 바로 앞의 가까움에서 더 높은 차원으로 물러납니다. 이 차원에서 우리 정신은, 분주함에서 벗어나, 모든 것 뒤에서 알면서 작용하는, 어떤 것도 저항하거나 벗어날 수 없는 힘들과 자신이 연결됨을 압니다. 이 힘들은 모든 것과 하나입니다. 그리고 모든 것은 이 힘들과 하나입니다.

이 정신과 연결돼, 우리도 평온에 옵니다. 모든 것과 하나가 되면서 평온에 옵니다.

이 평온에서는 대립들이 끝납니다. 우리는 영적인 정신이 우리를 움직이는 대로 움직여집니다. 우리는 평온하게 움직여집니다. 모든 것과 공명에 있기에 평온하게 움직여집니다.

이 평온은 모든 것이 존재하는 대로 모든 것과 평화의 평온입니다. 이 평온이 원래의 평온입니다. 사랑의 평온입니다.

지워진

우리가 어떤 것이 발생하지 않은 것으로 하면, 그것은 지워집니다. 예를 들면 빚입니다. 빚은 빚이 적혀 있는 목록에서 지워집니다. 빚을 갚기에 빚은 지워집니다. 지워지자, 그것은 지나도 됩니다.

어떤 죄는 결코 지워지지 않습니다. 소멸시효도 없습니다. 전 생애에 걸쳐 존속합니다. 죽어야 지워집니다.

죽는다고 지워집니까? 지워졌다면, 우리는 우리의 생각들이나 느낌들에서 죄인들을 자유롭게 했겠습니다. 그들이 죽은 후에도 우리는 자주 그들의 죄를 마음에 둡니다. 그 죄가 우리에게도 지나도록, 우리는 우리 영혼에서 그 죄를 지워야만 합니다.

왜 이게 그렇게 어렵습니까? 우리가 우리 영혼에서 그 죄를 지움으로 우리는 그들과 우리 영혼에서 같게 됩니다. 우리도 얼마동안 살다가 그들처럼 죽습니다.

우리 영혼에서 그 죄를 지우는려는데, 무엇이 반대합니까? 우리는 그 죄를 영원한 죄로 만듭니다. 마치 그 죄가 죽음을 넘을 수 있는 것으로 합니다. 그 죄가 죽음 너머 지속되도록 우리는 지옥, 영원한 지옥을 찾아냈습니다. 지옥이 있다는 생각은 죄를 언제까지나 살아 있게 합니다.

저는 이 생각을 더 계속 하렵니다. 천당에 있는 정의로운 사람들이 지옥을 생각하면, 그들은 어떻게 느낍니까? 그들이 사랑에 있습니까? 죄와 벌이 우리 영혼에서 지워지지 않고 있다면, 우리는 우리 생에서 어떻게 사랑을 경험할 수 있습니까? 다른 사람들의 죄뿐만 아니라 우리 죄도?

우리가 어떻게 죄로부터 벗어납니까? 다른 사람들은 어떻게 자신들의 죄로 우리로부터 벗어납니까?

우리는 죄를 적는 것을 그만 둡니다. 그럼, 우리뿐 아니라 다른 사람들도 죄를 지울 필요가 없습니다. 우리가 죄를 갖지 않는다면, 신 앞에서 죄가 있을 수 있습니까?

완성된

완성됨으로 어떤 것은 종결됩니다. 그렇게 일은 끝납니다. — 그리고 생명도 그렇습니다.

완성은 종결보다 더 많을 수도 있습니다. 어떤 것은 자신의 사명에 도달했습니다. 완성으로 온전하게 되었습니다. 자신께 맞는 충만에 이르렀습니다.

이 완성은 끝을 넘어 영속하는 어떤 것으로 넘어갑니다. 예를 들면 완성된 예술품입니다. 이 의미에서 그 예술품은 그에 맞는 가장 가능한 완성입니다. 더 이상 완성될 수 없습니다.

하나의 움직임이 자신의 목표에 다다르면, 그 움직임은 완성됩니다. 전에는 완성되지 않았습니다. 미완성된 것은 자신의 완성을 향해 노력합니다. 그러기에 미완성된 것은 움직임에 있습니다. 목표에 도달해야 그 움직임이 끝납니다.

영속하는 완성도 있습니다. 그 완성은 자신에게서 쉽니다. 목표에 있지만, 정신 차려 계속 영향을 미칩니다. 예를 들면 충만된 생입니다. 완성된 생은 순수하게 됩니다, 순수한 존재가 됩니다.

완성된 사랑도 그렇게 순수하게 됩니다. 이 사랑은 오직 거기 있습니다, 완성돼 거기 있습니다.

하나

존재하는 모든 것의 명백한 하나와 모든 것과 서로 함께 연결된 존재는 불가피한 자아중심과 겉으론 모순됩니다. 모든 것은, 다른 것에 구별돼 오직 자신의 생명공간을 확보해야만, 다른 것에 봉사할 수 있습니다.

우리에게서, 우리는 자아중심을 자아로서 경험합니다. 자아로 우리는 우리를 중요하게 여깁니다, 불가피하게 중요하게 여깁니다. 전체와 연결되지 않으면, 실제로 존재하지 않으면서 그렇습니다.

우리와 관련된 많은 다른 사람들과 우리를 연결하는, 우리와 그들이 하나라고 느끼는, 반대 움직임은 우리가 많은 다른 것의 하나처럼 움직이는 것이겠습니다. 개체로서 중요하지 않게, 다른 모든 것과 거기, 함께 거기.

의식된 이 움직임을 통해 우리는 기꺼이 전체에 종속합니다. 실제로는 그럼에도 우리는 이미 언제나 모든 것과 연결돼 있습니다. 모든 것은 같은 창조적인 힘에 의해 존재하게 되고, 모든 순간 새롭게 존재하게 잡혀지기 때문입니다.

그러기에 존재하는 모든 것의 창조적인 근원에게는 더 높은 것이나 더 낮은 것이 없습니다. 예를 들면 더 높은 생명체나 더 낮은 생명체가 없습니다. 모든 것은, 어떤 것도 다른 것보다 더 많이 원하여질 수 없이, 같은 봉사에 사로잡혀 있습니다. 존재하기 위해, 어떤 나중의 것도 가장 간단한 것보다, 보이지 않는 것보다, 감춰진 첫째보다, 이 힘에 의해 더 많은 호의를 필요로 하지 않습니다.

어떻게 우리가 의식된 공명으로 이 모든 것을 포함하는 포괄적인 현실을 따릅니까? 우리는 우리와 다른 사람들의 모든 결과인 현실에 동의합니다. 우리의 삶과 죽음에, 우리가 개체로서 계속 살든지, 이 모든 것을 포함하는 움직임에 다르게 데려져 가, 거기 있든지, 모든 것과 함께 거기 있든지, 동의합니다. 그리하여 우리는 그 현실 안에 모든 것과 하나, 언제나 하나입니다.